自分らしさを見つけるための 手相の本

著 佐々木藍

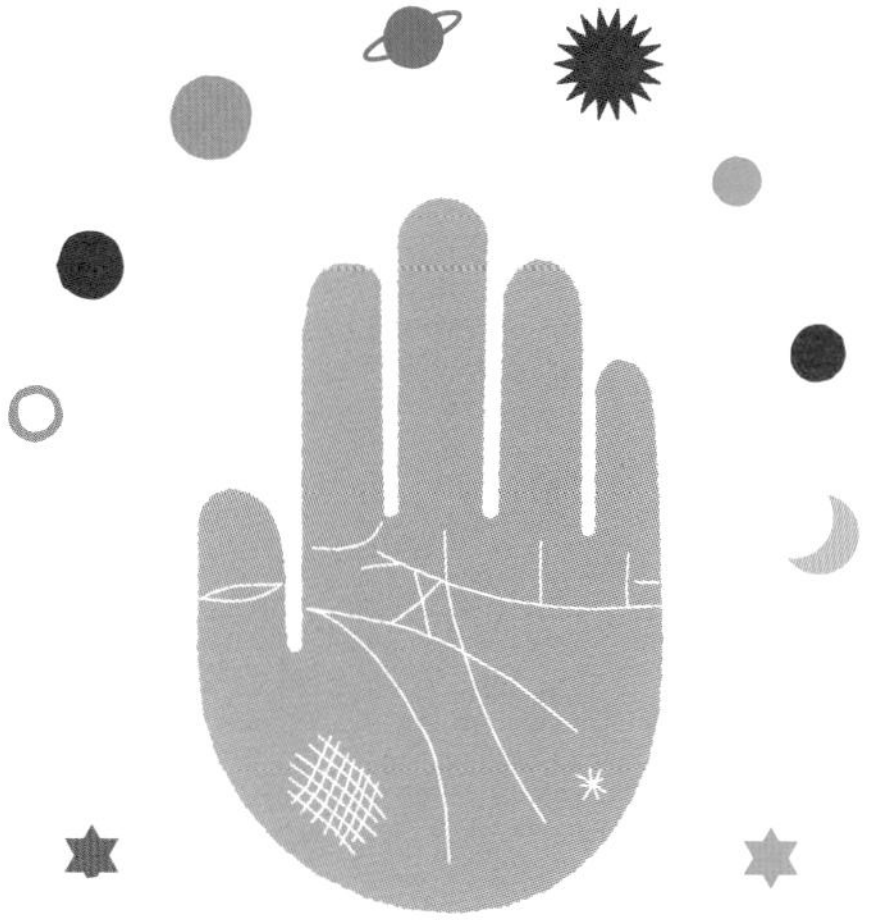

FUGEISHA
風鯨社

はじめに

この本は、過去の自分に向けた応援メッセージとして書きました。

あの頃の私が今、目の前にいたら、こんな言葉を贈りたいです。


「怖がらずに、やりたいことをやってごらん。

きっと素晴らしい未来が待っているよ！」


手相は、学べば学ぶほど自分を客観的に見ることができるようになる学問です。

私は手相を学び始めてから、どこにいても誰といても、自分らしく楽しく時間を過ごせるようになりました。周りからの評価を気にしていた頃の私は、ただ単純に、自分のことを知らなかったから恐れていただけだったのです。

私が手相を通して伝えたいことは、

「自分と向き合うこと」の大切さと、

「自分の人生の物語、未来は自分で作っていける」

というこの2つです。


このメッセージは、こんな人にも贈りたいと思います。

自分に自信が持てない人。

人に合わせすぎて自分のことがわからなくなっている人。

外からの評価によって自信をなくしてしまった人。

ここから人生をやり直してみたい人。

自分の未来を自分でつかんでいきたい人。

大丈夫！

人生はいくつになっても、変わりたいと思ったその瞬間から、変わっていきます。

この本は、ページをめくるごとに自分のことが
客観的に理解できるように作りました。

まずは自分を知ること。
本来のあなたの姿は左手、今のあなたの姿は右手に描かれています。

自分がどんな人間なのか、どんな才能があるのか、などを知った上で、
この人生の主役であるあなたがこれからどんな人生を歩みたいのかを、
手のひらを見ながら、あなた自身がサポーターになったつもりで、
今の自分に語りかけてみてください。
それこそが、今のあなたに必要なメッセージです。
自分の未来を誰かに聞くよりも確かな答えが、あなたの手の中にはあります！

手相とは、
「自分の人生の設計図が描かれている、
世界で唯一の宝の地図」なのです。

さあ、ここからはあなたがこの本の主役です。
楽しみながらページをめくって、手相の知識を学んでくださいね。

目次

はじめに 2

手相とは？ 7

手相を読むのは、意外と簡単！ 8
手相を読むポイント1 10
手相を読むポイント2 16
手相を読むポイント・番外編 18

Step 1-1 根っこの価値観は？

手の形 自分の性質・土台を知る＜1＞ 21

手の形 ～あなたの性質が宿る場所～ 22
手の形4タイプ 24
土の手 26
風の手 27
火の手 28
水の手 29

Step 1-2

丘 自分の性質・土台を知る＜2＞ 31

丘 ～才能の源が集まっている場所～ 32
丘のふくらみの見分け方 34
指の長さの見分け方 34

どんな性質がある？

丘の能力・キーワード・テーマ一覧 36
木星丘 38
土星丘 40
太陽丘 42
水星丘 44
第一・第二火星丘 46
火星平原 48
金星丘 50
月丘 52
地丘 54
星のエネルギーってどういうこと？ 56

Step 2 生まれ持った才能とは？

基本線 自分の才能を知る 59

基本線 ～生まれ持った才能が描かれた線～ 60
線を読むときのポイント 62
生命線 64
感情線 66
知能線 68
運命線 70
マスカケ線 72

Step 3 特に秀でている能力を見てみよう

自分の能力を知る **補助線** 77

補助線 ～今のあなたの能力が現れる線～ 78

木星丘に出る補助線 ーソロモンの環・希望線ー 80

土星丘に出る補助線 ー土星環・社交線ー 81

太陽丘に出る補助線 ー太陽線・太陽環ー 82

水星丘に出る補助線 ー財運線・パートナーシップ線ー 83

火星丘に出る補助線 ー短気線（第一）・忍耐線（第二）・神秘十字線・努力開運線（火星平原）ー 84

金星丘に出る補助線 ー功徳線・仏心紋（仏眼）・ファミリーリングー 86

月丘に出る補助線 ー引き立て線・旅行線・放縦線ー 87

地丘に出る補助線 ーテンプルー 88

丘をまたがる補助線 ー直感線・金星環ー 89

補助線をさらに詳しく見る

太陽線 90

財運線 92

パートナーシップ線 94

Step 4 今の運気や兆し、パワーアップしている能力

運気や兆しを知る **紋** 97

紋 ～今のあなたへのメッセージ～ 98

クロス（十字架） 100

グリル（格子紋） 102

スター（星紋） 104

トライアングル（三角紋） 106

スクエア（四角紋） 108

アイランド（島紋） 110

バー（障害線） 112

タッセル（房状線） 113

Step 5 全ての情報から自分を知る！

全体像をつかむ **複合リーディング** 115

自分のカルテを作ってみよう 116

占い師はこうやって読んでいる！
複合リーディング例

case.1「私らしさって、何だろう？」 122

case.2「私の才能って、何ですか？」 124

case.3「私の強みって、何ですか？」 126

case.4「自己肯定感を高めるには？」 128

オマケ

過去や未来はどうなってる？

人生の流れを知る
流年法とサイン……131
人生の流れを読んでみよう！
―流年法とサイン―……132
人生の方向性を見てみよう
～生命線の向かう先で晩年を読む～……134
人生の流れを読む6つのサイン……136
占い師はこうやって読んでいる！
実際に人生の流れを読んでみよう！……140

手相の日々の活かし方……143
自分を知るためのカルテ……149
あとがき……156
プロフィール……159

column

Column 1
仕事で手相鑑定をするときに
大切にしていること
……20

Column 2
手の形を見れば、相性もわかる！
……30

Column 3
星のエネルギーを活用しよう！
……58

Column 4
才能は特別なものじゃない！
……76

Column 5
親指は、自由独立の指？
……96

Column 6
手のひらからのメッセージを
受け取ろう
……114

Column 7
運命線・太陽線・財運線で見る、
仕事とお金の関係
……130

Column 8
過去や未来は変わるもの
……142

Column 9
手の出し方や大きさにも
その人らしさが表れる！
……148

手相とは？

手相を読むのは、意外と簡単！

手相は、**「線」を見るだけのものではありません。**手相とは、手の形や手のひらに現れる線、「丘」と呼ばれる手のひらに点在するエリアのふくらみなどの様々な形態に注目して、その人の性格や才能、資質、健康状態、運勢の流れを判断していく占いです。手相の的中率は素晴らしく、その人の才能、性格、人間関係全般、仕事運、適職、お金のこと、健康面、未来、運気の流れなど、自分の人生にまつわるありとあらゆる情報が、両手いっぱいに描かれています。

実は、手相を読むことはとっても簡単です。

この本で紹介する、手相を学ぶために必要なポイントは、２つ！

Point.1 「線だけではなく、全体像をつかむこと」。 ⬇p.10〜

Point.2 「丘の持つ星の意味を理解すること」。 ⬇p.16〜

この2つのポイントさえ押さえれば、細かい線の名前や形をたくさん覚えなくても手相を読むことができるようになります。

この本は、**自分で手相を読めるようになるための原理原則を書いた本**です。一度手相の読み方がわかってしまえば、老若男女問わず、誰でも楽しんでいただけるのが手相の楽しいところです。手相が自分で読めるようになると、自分のことがどんどん理解できるようになります。

また、今の自分の状況や、自分の未来の流れがわかり、人生の大切な選択をするときの大きな後押しにもなります。

手相には、「あなたらしく今を生きる」ためのアドバイスがたくさん詰まっているのです。

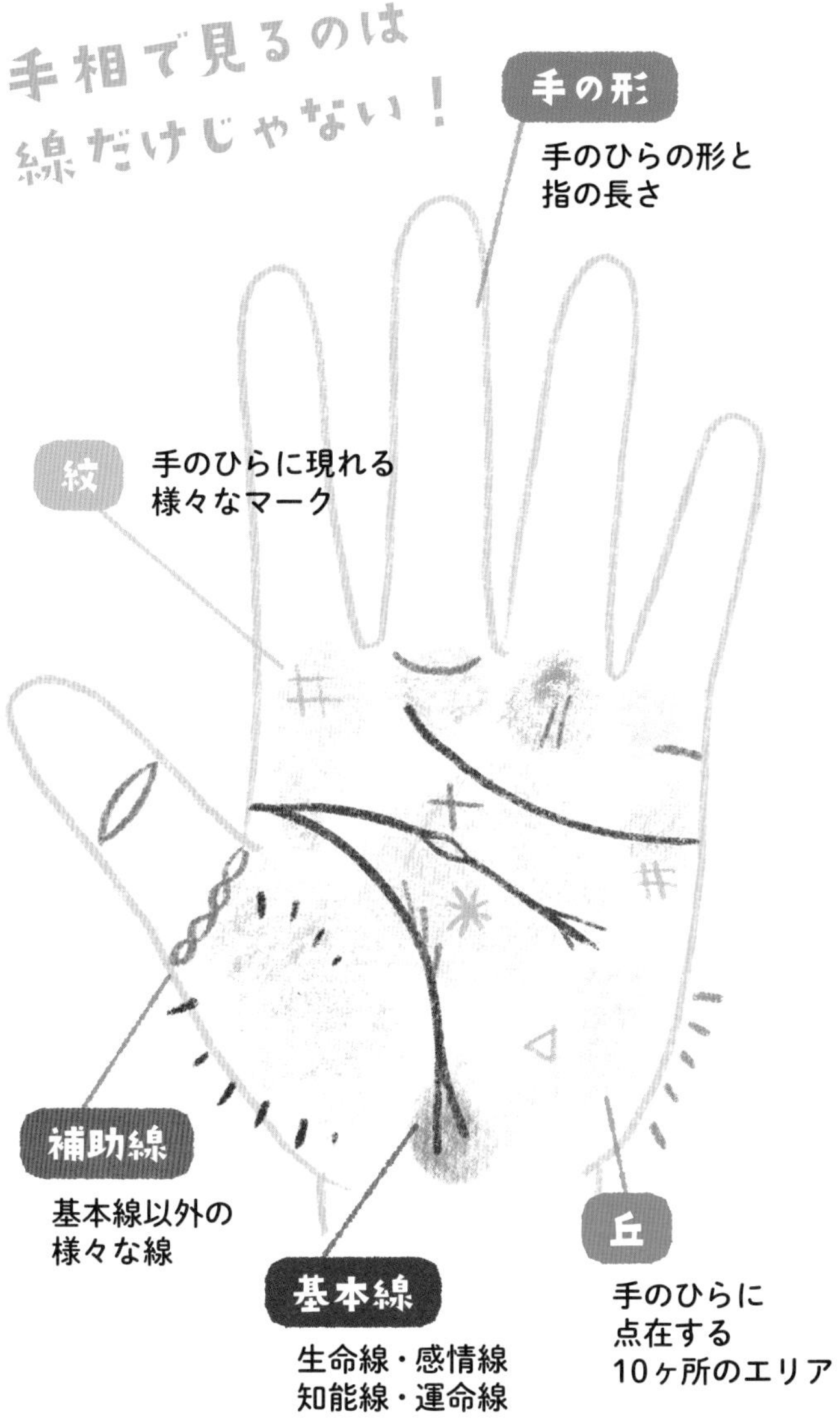

Point. 1

手相を読むポイント 1

全体像をつかもう

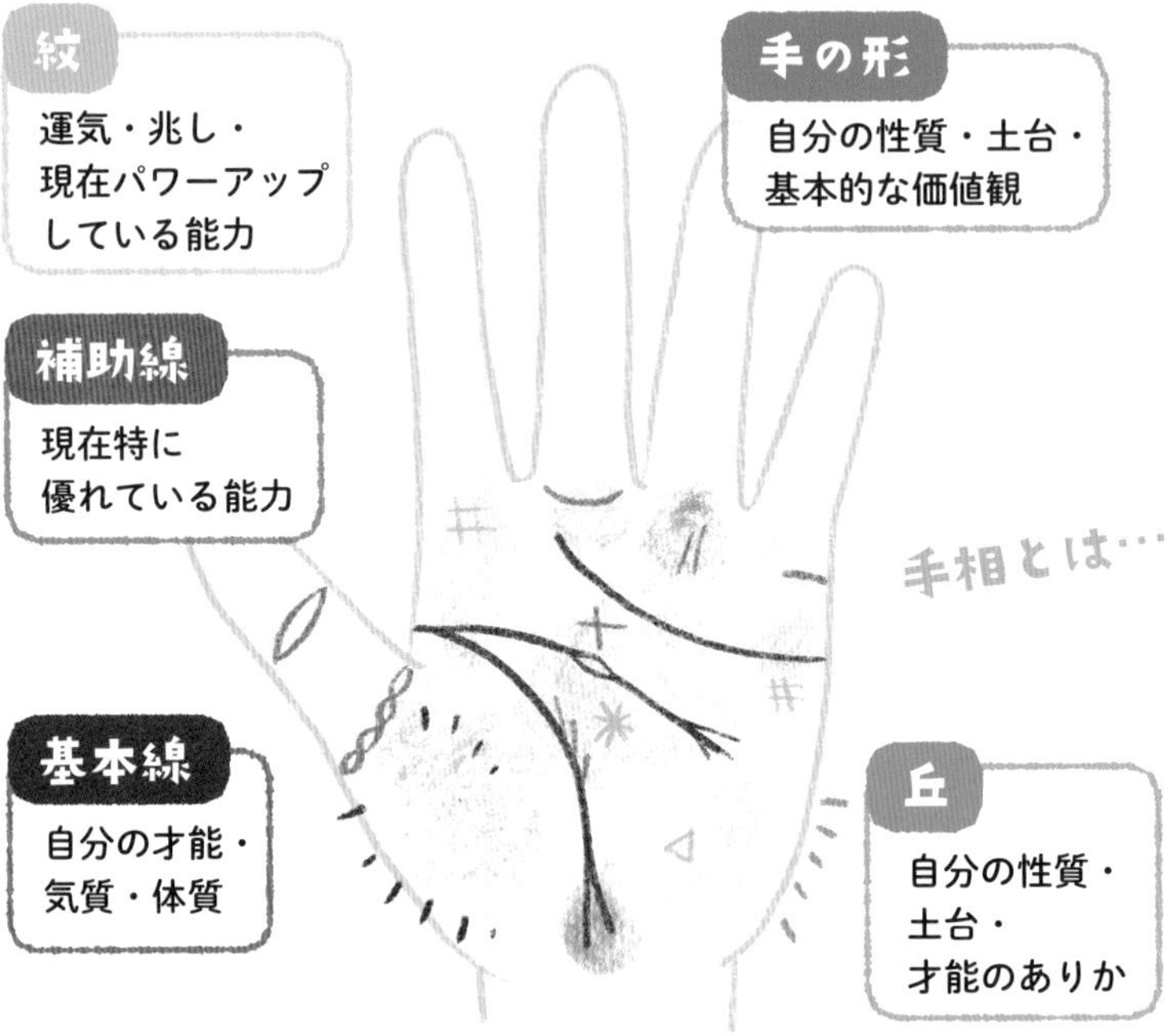

手の形や指の長さ、丘のふくらみ、線の形、紋など、手のひらにあるたくさんの要素からは、読み取れる情報がそれぞれ違うので、線だけではなく手の全体像を把握することが大切です。

この本では簡単に、全体像を**5つのステップ**で理解できるようにまとめました。左ページの図のように、手相を読むときには**1本の木を眺めるようなつもりで**読んでみましょう。根っこ、幹、枝、葉を全て合わせて1本の木を見るように、手の形、丘、基本線、補助線、紋の順番に、一番抽象的な情報から順番に読んでいき、最後に全体像をまとめて複合的にリーディングします。

木に例えると…

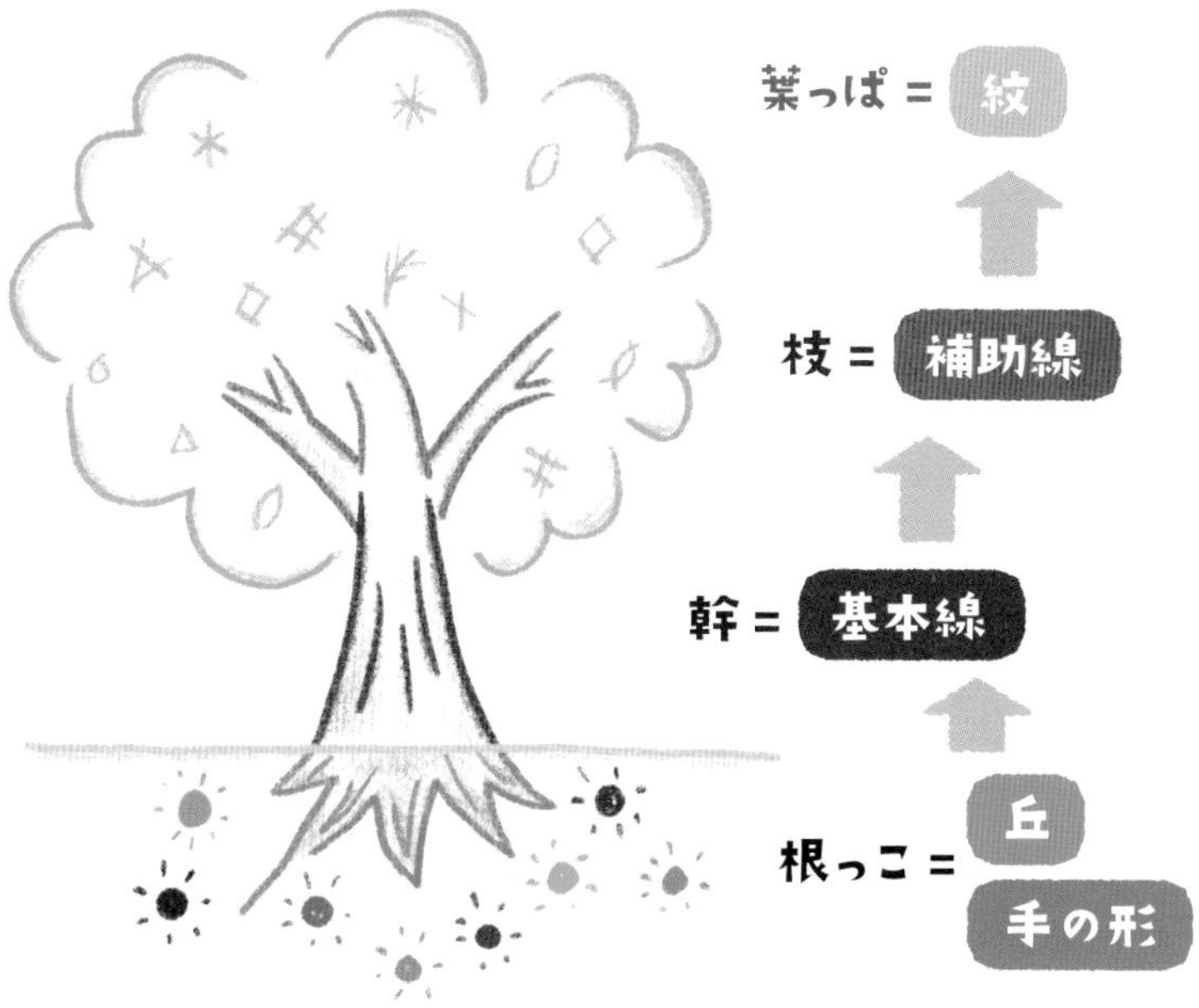

5stepで読もう！

根っこ	Step 1	手の形 丘	自分の性質・ 土台など
幹	Step 2	基本線	自分の才能・ 気質・体質
枝	Step 3	補助線	現在特に 優れている能力
葉っぱ	Step 4	紋	運気・兆し・ 現在パワーアップ している能力

→ Let's imagine!

全体像をつかむ

Step 5

複合リーディング

書き込むだけで
自分がわかる
自分を知るための
カルテ
を作ってみよう！

Step 1 手の形と丘

まずはじめにStep.1として、その人の土台となる「手の形」と「丘」の状態を見ます。

Step 1-1 手の形

p.21～

「手の形」は木で例えるならば地面の中に埋まっている**「根っこ」**の部分です。決して外からは見えないけれど、その人の**基本的な性質**、**価値観**が表れている、とても大切な部分です。

基本的な性質があってこそ、その人の生き方の方向性が決まってきます。手の形は**「土・風・火・水」の4タイプ**に分けられますので、まずは自分自身がどのタイプなのかをチェックしてみましょう。

Step 1-2 丘

p.31～

続いて「**丘**」の状態を見ます。「丘」も木の「**根っこ**」にあたる**土台**の部分です。丘とは手のひらに点在するエリアのことで、それぞれの丘は、**宇宙の星々からの影響を受けている空間**です。丘はその人の才能の種。行動するときのエネルギーのタンクといえます。丘の状態を知ることで、**その人の才能のありか**がわかるのです。

自分の才能を知る

Step 2 基本線 p.59〜

次にStep.2として「**基本線**」を見ます。

基本線とは、生命線・感情線・知能線・運命線の4本です。基本線は、木で例えるならば「**幹**」の部分。木を支える背骨の部分が幹であるように、基本線はあなた自身の「**生まれ持った才能**」（気質・体質など）が描かれている部分です。その他にも「**人生全体の流れ**」などがわかります。

まずは、あなたが生まれたときにギフトとして授かった「才能」が何かを知ることから始めてみましょう。

自分の能力を知る

Step 3 補助線 p.77〜

次にStep.3として「**補助線**」を見ます。目を凝らすと、実に多くの「補助線」が手のひらの中に描かれています。「補助線」は、木で例えるならば「**枝**」の部分。

根っこ・幹の土台があってこそ、丈夫な枝が育っていきます。補助線はあなたの「**現在特に優れている能力**」を見るものです。自分自身の現在優れている能力を知りたい方は、補助線をじっくり見ていただけると、驚くほどたくさんの素晴らしい実用的な能力を持っていることがわかります。

運気や兆しを知る
Step 4 紋 p.97〜

次にStep.4として「**紋**」を見ます。「紋」を木で例えるならば「**葉**」の部分です。「紋」は現在のあなたの**運気**や、**現在パワーアップしている能力**などの**兆し**を示すサインです。生い茂る葉をつける木もあれば、葉っぱがこれからつき始める木もあります。

「紋」は頻繁に現れたり消えたりします。今すぐ活かしたほうが良いラッキーな運勢や、注意すべきポイントがわかるサインといえます。

全体像をつかむ
Step 5 複合リーディング p.115〜

最後にStep.5として、全ての情報を複合して**リーディング**をします。手相占い師が普段お客様にお伝えしているのは、実はこのStep.5の部分。木で例えるならば、**木の全体像を眺める**ような感覚です。1本の木が、根っこ・幹・枝・葉で成り立っているように、一つ一つの情報を掛け合わせブレンドしていくことで、ひとりの人間を読み解いていきます。

これが簡単にできたら占い師になれちゃいますが、初めての人にはちょっと難しい部分なので、この本では簡単にリーディングができるよう、巻末にカルテ（セルフチェック用シートp.149〜）を用意しました。

この本にあるチャート図と自分の手のひらを照らし合わせながらカルテに書き込んでいけば、あなたがどんな人か客観的にわかるようになっています。カルテを使った実際のリーディング例をp.122以降に載せていますので、ぜひ参考にしてリーディングしてみてください。

人生の流れを知る

オマケ 流年法とサイン p.131～

最後に、「流年法」という技法を使って生命線から過去や未来といった人生の流れを読み解くリーディング方法を紹介しています。もう一歩踏み込んでリーディングしてみたいという方は、参考にしてみてください。

知識は使うことで身についていくものなので、覚えた知識はご家族やお友達の手相を見せてもらいながら、どんどんシェアしていきましょう！

Point.
2

手相を読むポイント2

丘の持つ星の意味を理解しよう

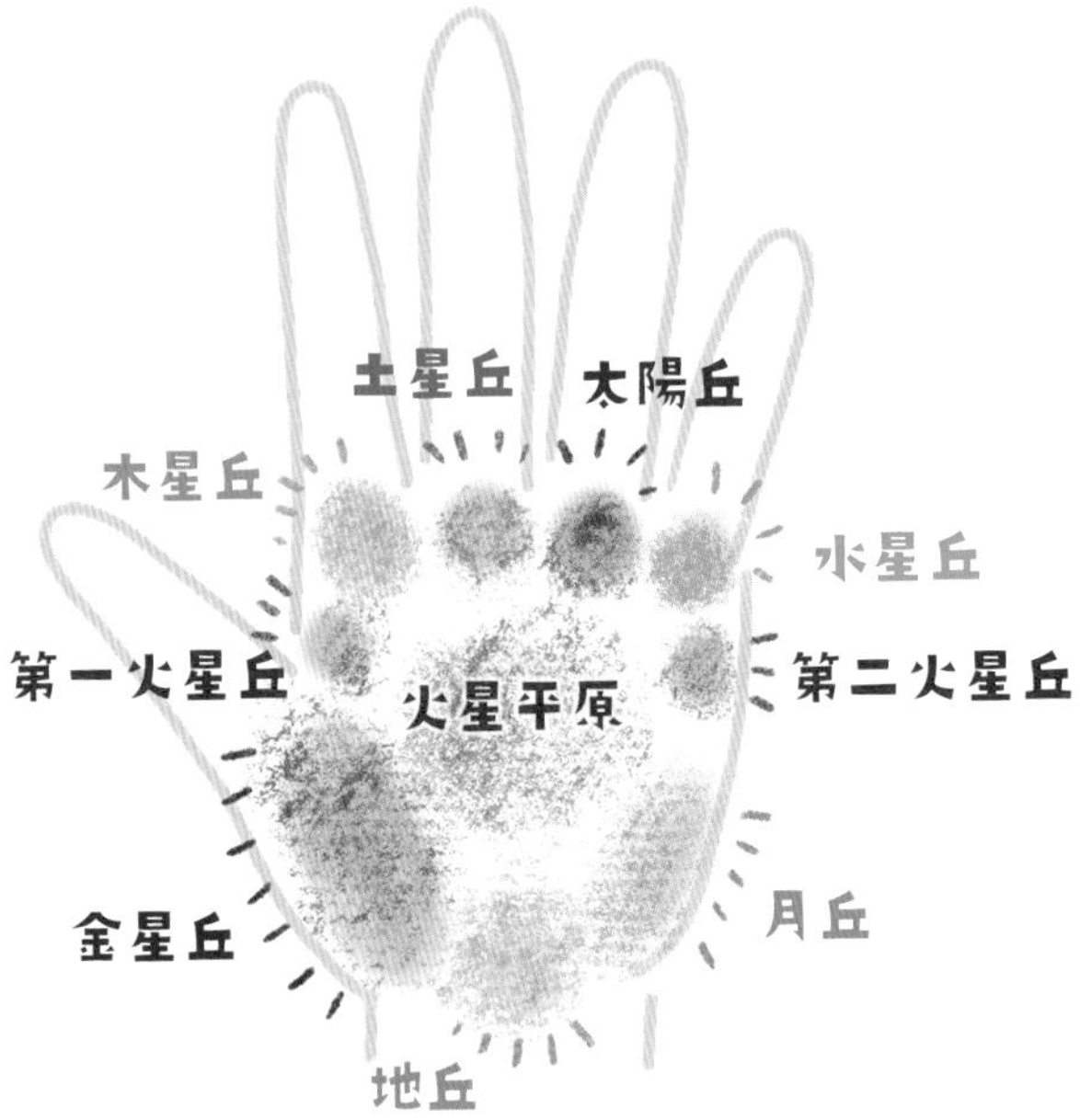

実は、現在日本で主流となっている手相術は、長年かけて**占星術をベースとして発展して来た学問**です。手のひらには丘と呼ばれるエリアがあり、それぞれの丘が、占星術で使われる太陽や月、木星などの星々とリンクしています。星々には固有の意味があり、手相では、手のひらに宿った**星々のエネルギーが、どのようにその人の能力として現れているのか**というのを、各丘の状態や線の形、紋の出る丘の場所などから読み取っていくのです。

丘が**エネルギータンク**だとしたら、線は**パイプ**の役割をしていると見立てます。そして、指はエネルギーを集める**アンテナ**です。エネルギータンクで

ある丘がふくらんでいるかどうか、アンテナである指の長短はどうか、パイプである線がどの丘の上にどのように描かれているのかで、その人が**星のエネルギーをどう発揮させているのか**を、細かく読み取っていきます。

線にはたくさんの種類や名前がありますが、全て星の持つ意味からきているので、たとえ線の名前や形を覚えていなくても、丘の位置と星の意味がわかっていれば、線の現れた場所や形から意味を読み解いていくことができます。線の名前や意味を覚えるときにも、丘と星の意味を頭に入れておくと簡単に覚えることができます。

各丘の持つ星の意味は、Step.1-2（p.31～）で詳しく学んでいきますので、あせらずじっくりと理解していきましょう。

左手と右手、どっちを見る？

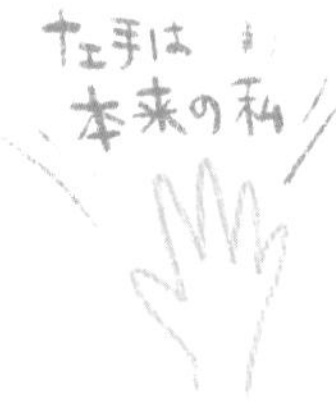

　左手に描かれているのは、**あなたの生まれ持った人生の設計図**。**自分自身の本質**を知りたいときにはまず左手を見てみましょう。生まれながらに持っているあなたならではの特別な才能、本来の性質、よりよく今を生きるために必要な人生の宿題が記されています。あなたらしい人との付き合い方や仕事のこと、ついやってしまう行動の癖、自分の未来についても、しっかり描かれています。左手に描かれているのは神様からのギフトであり、**本来のあるべき姿**を思い出させてくれるために必要な、知識の宝庫といえるでしょう。

　右手には、**今までの人生で作られてきたあなたの姿**、現在の状況や置かれている環境、今努力しているところやつまずいているところ、近い将来の流れなどが描かれています。客観的に**今のあなた自身**を見つめるためには、右手の情報が大切です。右手を日頃から観察することで、変化していく自分の状態をわかりやすくつかんでいけます。

　左右の手相が違っても、どちらにもあなたらしさが描かれています。両手の手相を通して、自分自身をより詳しく見ていきましょう。

※この本では、まず本来の自分らしさを知って欲しいので、手のイラストは全て左手で描いています。（紋のページだけは、今の運気を見るので右手になっています。）

線や丘の見分け方

～パッと見た印象で決めよう～

最初は線を見分けるときに、濃いのか薄いのか？ 長いのか短いのか？ と迷うことがあると思います。

そういうときは、パッと見た瞬間のインスピレーションが大切です。また、いろんな人の手を見せてもらっているうちに段々とわかるようになります。手相を通して、自分の人生を生きるために大切な「自分で決める力」も一緒に鍛えていきましょう！

丘のふくらみの見分け方 ➡ p.34
線を読むときのポイント ➡ p.62

Let's imagine !

～想像力を使おう～

手相は人によって全然違い、同じ手相はこの世に２つとありません。なので、この読み方じゃないといけない、なんていう正解はありません。

手から読み取れる様々な情報を組み合わせて複合的にリーディングする時には、これってどういう意味なんだろう？ と想像するイマジネーションの力が大切です。人生を豊かに彩ってくれる想像力も鍛えていきましょう！

複合リーディング例 ➡ p.122

仕事で手相鑑定をするときに大切にしていること

私が仕事で手相鑑定をするときに一番大切にしていること。それは、相手の背景を感じ取れるよう、しっかりと相手を観察することです。 実は、ご挨拶をした瞬間から鑑定はスタートしています。手相だけではなく、ご挨拶されたときの表情や話し方、目線、手の動かし方、息づかいなどからもたくさんの情報を受け取れるのです。手相だけでもかなり細かなところまでわかるものですが、手相が示すメッセージと、鑑定を受けてくださる方の言葉がずれている場合は、最初の印象がかなり有力な情報を持っていたりします。

手相の知識を正確に伝えることはもちろん大切ですが、その人がどんな気質、体質、人生の物語を持っているかによって、知識の受け止め方は全く異なります。

鑑定当日、悲しいことや辛いことがあって心が張り詰めるような状態にある方がいらしたら、リラックスできる雰囲気作りを心がけます。心も体も元気で、手相の知識をより実践的に活用したい前向きな状態の方には、もっと人生が楽しくなるような、具体的なアドバイスを心がけています。

手相は古くから収集・研究されてきた、膨大なデータを元に積み上がっている学問なので、的中率が高く本当に素晴らしいものです。しかし、鑑定をする側の言葉次第では、その知識がうまく伝わらず、無駄になってしまうこともあります。「仕事」として手相に関わる場合には、目の前にいる人に対して関心を持って話を聞こうとする姿勢、その人の中にこそ「知識」によって見えてくる真実があるということを、常に意識しながらお話を聞いています。

目の前にいる方に謙虚に向き合えるように、知識をまっすぐに伝えられるように、私自身の自己観察にも日々取り組んでいます。手相鑑定の時間は、五感をフルに使って、目の前にいる人の言葉を通して「知識」を確かめる、とっても神聖な時間なのです。

Step 1 -1

自分の性質・土台を知る <1>

手の形

Step 1-1

手の形

～あなたの性質が宿る場所～

手相を学びたての人にまず知って欲しいのが、「**手の形**」です。

手の形には、その人の**基本的な性質**、**生きる指針**が描かれています。手の形を知ることは、その人を複合的にリーディングをする上でとても重要な土台となる部分です。

手の形を見るときにチェックするのは、**手のひらの形**と**指の長さ**です。

手の形は、その形によって、**土・風・火・水**の4タイプに分けられます。

手のひらは実行のキャンバスといわれ、手のひらの形からは**行動パターン**や**性格**が読み取れます。横幅と縦の長さが同じ四角い手のひらの人は、折り目正しく真面目。正確さを求め、時間を守るなど、計画的な行動をする人でしょう。反対に縦が長い長方形の手のひらの人は、感性を重んじるため後先考えずに進む、その場の成り行きに任せて動く、相手に合わせて臨機応変な行動ができる人でしょう。指の長さからは**思考の長さ**やキャッチする**アンテナの高さ**を読み取ることができます。指の短い人は思考するよりも行動重視、フットワーク軽く動ける人。指の長い人は、思考が長くなるので慎重になりがち。想像力が豊かで、共感力の高い人でしょう。

ちなみに、全体的に身長や体格と比べて手の大きい人は慎重な人、手の小さい人は大胆な人と見ることができます。

手の形の見分け方

手のひらの形を見る

まず、手のひらの横幅と縦の長さをチェックします。横幅と縦の長さが同じ場合は「四角い手」。縦の方が長い場合は「長方形の手」となります。

指の長さを見る

指の長さは、手のひらの横幅と中指の長さを比較します。横幅よりも中指が長ければ「長い指」です。横幅と中指が同じ長さ、もしくは横幅よりも短い場合は、「短い指」になります。

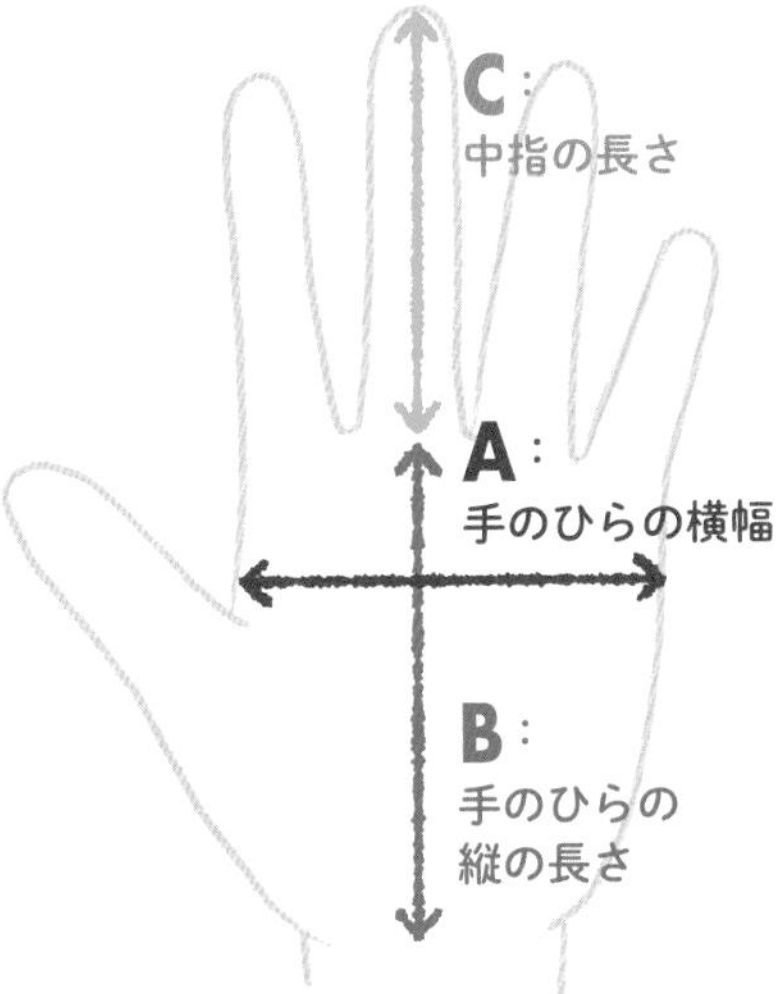

測ってみよう！

手のひらの形 ＝行動パターン、性格

四角い手　：AとBの長さが同じ

折り目正しい、真面目、計画的、
現実的、正確さを求める、
形をつくる、独立心がある

長方形の手　：AよりBが長い

感性を重んじる、臨機応変、
直感的に行動する、人のために動く

指の長さ ＝思考の長さ、アンテナの高さ

短い指　：AとCが同じか、Cが短い

即断即決型、行動重視、
フットワークが軽い

長い指　：AよりCが長い

よく考える、想像力豊か、
共感力が高い、慎重

手の形4タイプ

ー土の手・風の手・火の手・水の手ー

では実際に、手のひらの形と指の長さから「土・風・火・水」の4タイプに分けてみましょう。

土

四角い手のひらで指が短い人は「**土の手**」です。土には土台を固める性質があることから、「現実的」な思考で物事を形にする行動力のある人です。

風

四角い手のひらで指が長い人は「**風の手**」です。風は風通しを良くしてくれるように、「論理的」な思考で現状をより良く改革していく方法を考える力のある人です。

火

長方形の手のひらで指が短い人は「**火の手**」です。火には燃やす性質があることから、「情熱的」な思考で、未知なるものに挑戦する行動力のある人です。

水

長方形の手のひらで指が長い人は「**水の手**」です。水には「変化する」性質があることから、「柔軟性」のある思考で他者に寄り添う共感力のある人です。

まずはこの4つの手の形さえ理解していれば、手相を読み始めることができます。次ページ以降に詳しくまとめましたので、手の形から自分の性質、行動するときのパターン、考え方、価値観などを知り、より深く自分を知るきっかけにしていきましょう。

行動パターン、性格

感性を重んじる、
臨機応変、
直感的に行動する、
人のために動く

折り目正しい、真面目、
計画的、現実的、
正確さを求める、
形をつくる、独立心がある

思考の長さ、アンテナの高さ

即断即決型、行動重視、
フットワークが軽い

よく考える、想像力豊か、
共感力が高い、慎重

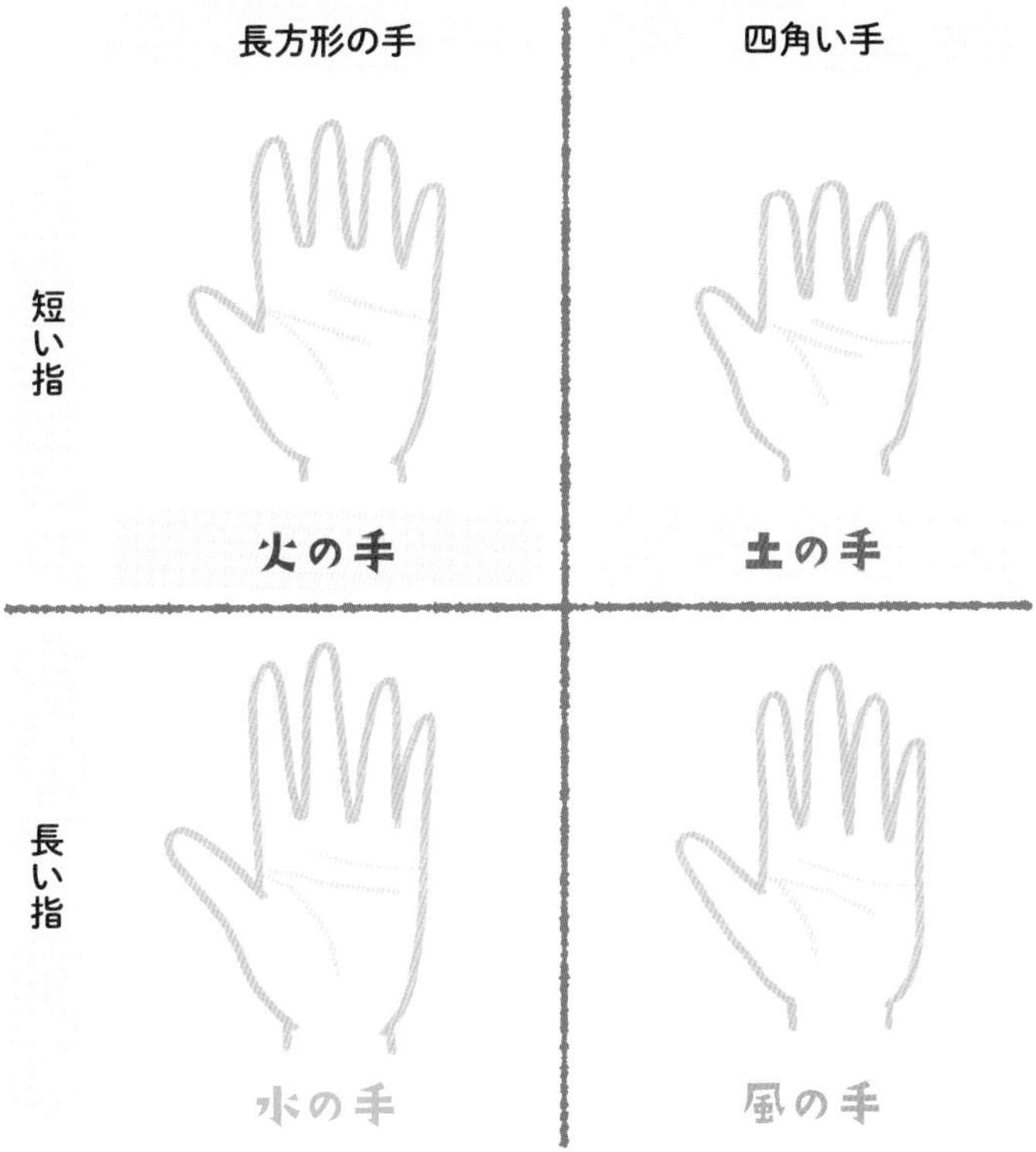

土の手

～一歩ずつ着実に歩む人～

Let's imagine!
イメージしてみよう！

硬い、固める、
現実的、地面、頑固、
正直、着実 etc...

土の性質

固体・土台・不動

キーワード

落ち着き・堅実性・忍耐強い・実現する力

生き方

納得感を大切にする

土の手は、「形作る手」と言われています。正方形の手のひらは「形ないものを現実に落とし込む」力、指の短さは「フットワークの軽さ」を表すことから、土台や基礎を作ることが得意な手の形です。

「土の手」の人は目標としたことは着実に一歩ずつ叶える性質があり、情緒が安定していて現実的に生きる力に溢れたバイタリティの持ち主。忍耐力を人一倍備えているので、どんな困難にぶつかったとしてもあきらめずに乗り越えていこうとします。自分の納得感を大切にし、古き良きもの、伝統を重んじる傾向があります。

持久力があるので、体力勝負の仕事のほか、継続力が必要な職人的な仕事や、手先の細やかさ、器用さを必要とされる分野でも活躍できるでしょう。

風の手

～新しい風を吹かせる改革者～

Let's imagine!
イメージしてみよう！

爽やか、自由、
風通しがいい、クール、
捉えどころがない
etc...

風の性質
気体・風を通す・
軽い

キーワード
探究心旺盛・
論理性・客観性

生き方
アップデートが大切

風の手は、「新しい流れを作る手」です。長い指に象徴される精神性と想像性の深さ、それを現実に落とし込むことができる四角い手のひらを持つことから、「考える」ことが得意な手の形です。

知的好奇心・探究心旺盛であり、客観性があって論理的に物事を考えることが得意な風の手の人は改革者としての性質がありますが、逆に単調なことを繰り返していると飽きやすいので絶えず知的刺激が必要なところがあります。風の手の人は今あるものをより良く変えていこうとする力に優れているので、言葉、情報を扱う分野のお仕事や、技術開発、コンサルティング、マーケティング、販売など、モノ・人との関わりの中で価値観のアップデートを必要とする環境に身を置くと活躍できるでしょう。

火の手

～未知に挑む情熱的な挑戦者～

Let's imagine!
イメージしてみよう！
熱い、衝動的、
エネルギッシュ、
燃やす、
情熱的 etc...

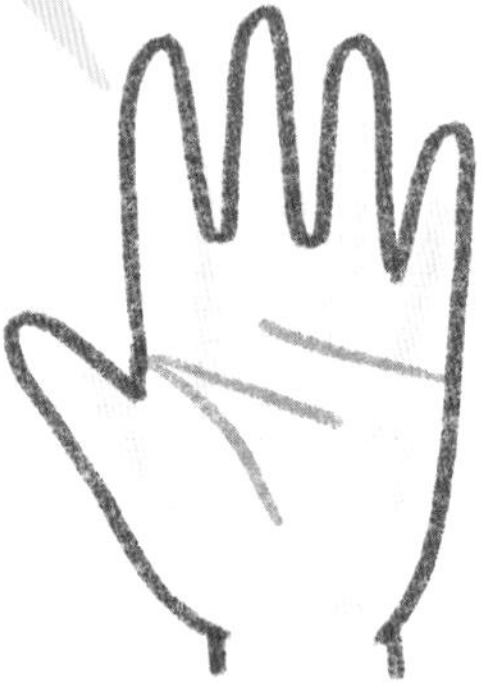

火の性質
エネルギー源・
熱さ・道具

キーワード
活動的・熱中する・
陽気・サポートが得意

生き方
情熱を持てるもの、
「○○のために」と思えるものが
あることが大切

火の手はまさに、「挑戦者の手」。フットワークの軽さを表す短い指と、その場に合わせて直感的に行動することができる長方形の手のひらを持つため、「ひらめき」が人一倍強い手の形です。火はエネルギーの源であり道具としても役に立つもの。暖をとる、料理をする、燃やすなど、どんな使い方をするかによって火は大いに役立つものにもなるし、全てのものを燃やし尽くす力にもなります。

火の手の人は生命力に溢れ活動的で、情熱と熱中力があり変化のある環境にも強いのです。目標をしっかりと定めることができれば、リーダー的な立場になることも多く、スポーツ、芸術や音楽などの分野でも目立つ存在となるでしょう。誰かのために動くことが得意なので、人のサポート役としても活躍できるでしょう。

水の手

～世界とつながり他者を癒す優しい人～

水の手は、「変幻自在の手」。直感的に行動する力を表す長方形の手のひら、精神性と想像性の深さを表す長い指からもわかるように、感受性が豊かな手の形です。器に応じて自由に形を変えていく水のように柔軟性があり、適応力が高いのがこの手の人です。相手の気持ちに共感できるために水の手の人は周囲への細やかな気遣いができるとともに、関わる人、環境からの影響を受けやすい傾向があります。相手に合わせることが得意な一方、自分が本当は何をしたいのかわからなくなってしまう日もあるでしょう。

占いやスピリチュアル、ヒーリングなど精神世界に関心の深い人は水の手の人が多く、繊細な感受性と独自の世界観、共感力が高い才能を活かすと、関わる人を励まし癒すことのできる分野で活躍するでしょう。

Let's imagine!
イメージしてみよう！

いろんな形になれる、
感受性が豊か、
柔らかい、
癒し etc...

水の性質
液体・変化する

キーワード
柔軟性・適応性・受け身・繊細

生き方
恩恵を大切にする

column 2

手の形を見れば、相性もわかる！

熱く燃え上がる火、常に変わり続ける風、土台となって支えてくれる土、渇きを癒し流れていく水。自然界は、この４つの元素がどれ１つとして欠けることなくお互いに作用し合って循環しています。

自然界の現象に当てはめてみることで、手の形からも相性を読み取ることができるようになります。

相性を見るときは、相互作用が働きやすい関係か、相反する関係性かを考えます。

例えば「雨降って地固まる」ということわざがあるように、土と水は土台を固めるのには大切な関係性。また、燃える火に風が吹けば火の力がさらに増すように、火と風は光が強くなる関係性。

一方で、燃える火に水をかけたら火が消えてしまったり、大地に風が吹くと土埃が舞い上がって目の前が見えなくなってしまうように、お互いを打ち消し合う、相性の悪い関係性もあります。そんなときは、どんな分野だったら相性の悪さも良さに変えていけるのか、どんな点に注意すれば良いのかを工夫して考えてみましょう。

土と火をかけ合わせれば丈夫な陶芸作品が出来上がるように、土と火は何かを形作るときに相性が良く、水面に風が吹けば波立たせることができるように、水と風は何かしらのムーブメントを起こすときには良い相性といえます。

自然界の現象を見ることでそれぞれの相性も自ずとわかってくるので、自然の動きにも注目して、イメージする力をつけていきましょう。

Step

1-2

自分の性質・土台を知る <2>

丘

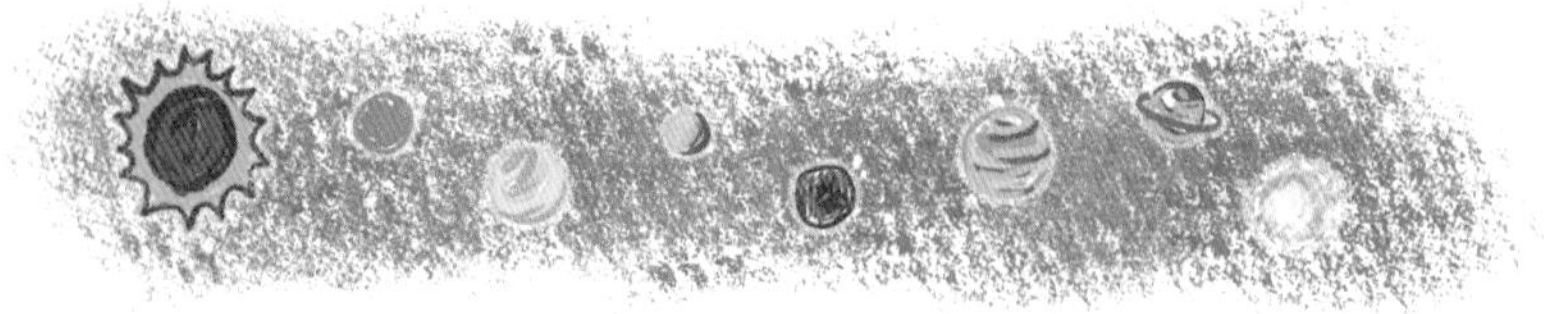

丘

～才能の源が集まっている場所～

丘とは、手のひらの中に存在するエリアのことです。手相を読むポイント2(p.16)でお伝えしたように、丘の意味を覚えることが、手相を理解する近道になります。手のひらには**9つの丘**と**1つの平原**があり、それぞれの丘と平原は太陽系の8つの星とリンクしています。星はそれぞれ違う能力やテーマを持っていて、丘のふくらみは、その星の持つ能力が才能として現れる前の貯蔵庫（エネルギータンク）のようなものです。そこには、その人の**才能の源となるエネルギー**が詰まっているのです。各星の持つテーマと丘の状態を照らし合わせることで、その人が持っている能力を見ていきます。

丘のふくらみがある人は、その丘とリンクする星の能力が強い人、平らかな人は、その星の能力が弱い人です。しかし単純に丘がふくらんでいるからその部分の才能がある、平らかだから才能がないというわけではありません。例えば、意志の強さや決断力を表す太陽丘がパンパンにふくらんでいる人は、意志の力や決断力が強くリーダー的な役割が向いてると読めますが、ふくらみすぎていると独りよがりになってしまっている可能性もありますし、逆に平らかな人は、控えめでサポートが上手にできると読むことができます。

才能は使い方次第です。丘がふくらんでいても平らかでも、得意な部分と苦手な部分があるということを理解していきましょう。

9つの丘と1つの平原があります

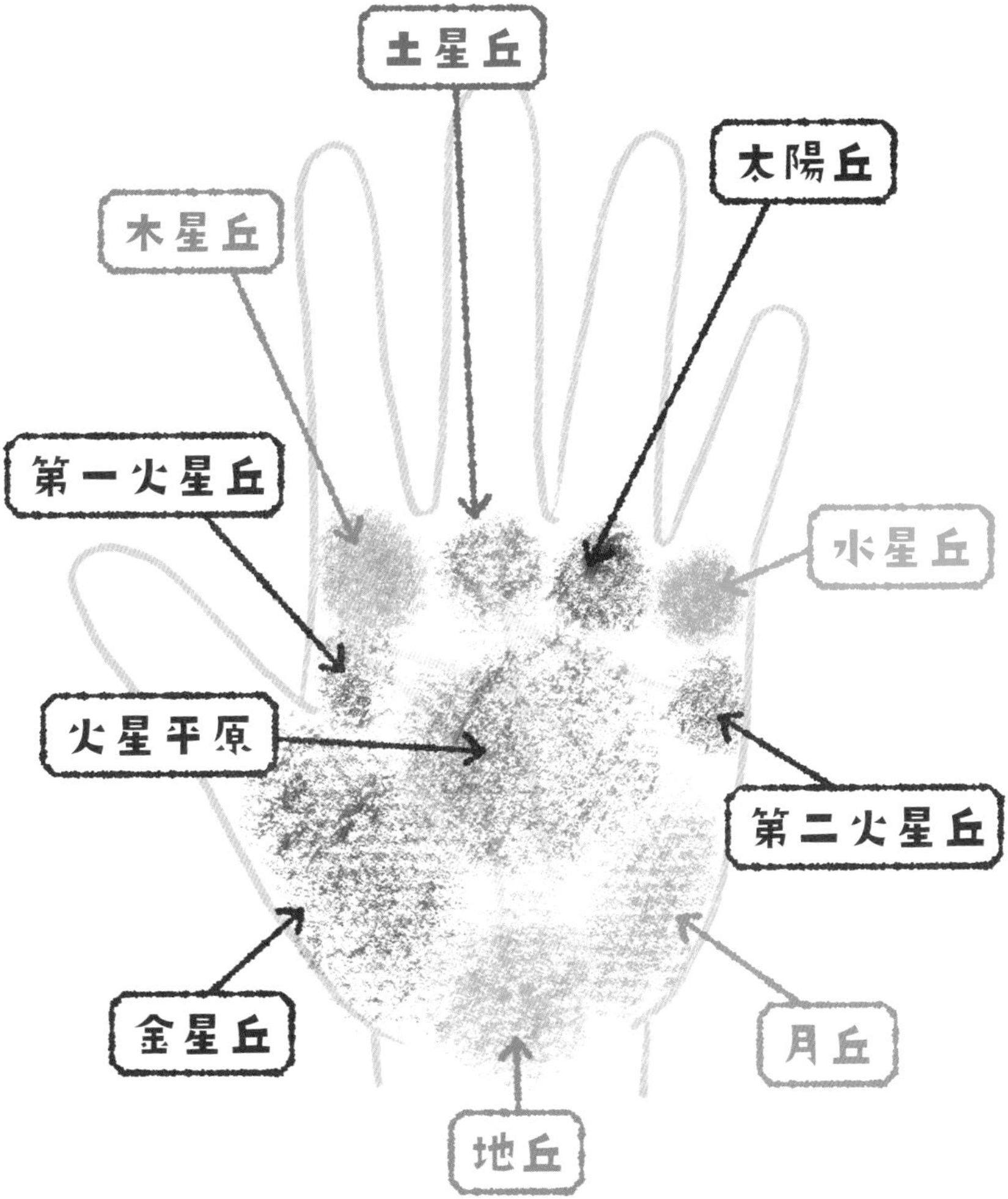

丘のふくらみの見分け方

丘がふくらんでいるかどうかを見分けるときに大切なのは、「**第一印象で感じ取る**」ことです。まずは手をリラックスさせた状態で正面から見てみましょう。どの丘がふくらんでいるのが目立つのか、平らかなのか、凹んでいるのか。**第一印象でパッと見てパッと決める**ことが、意外と一番当たっていたりします。手のひらを横から見たり、手首のほうから見たり、様々な角度で検証することも大事ですが、見れば見るほどわからなくなることがほとんどです。まずはパッと見てパッと決める勇気を持って、リラックスして手のひらを眺めてみましょう。どうしても自分で決められないところはプロに鑑定をしてもらったり、あなたが信頼できる人に見てもらって判断していくのも良いと思います。自分の目線だと気づけないところもたくさんあるので、誰かに見てもらうというのは、客観的に物事を見る上でも大切なことです。

全体の中でも特にふくらんで見えるところは、その丘を司る星の影響を、最も受けているところです。

指の長さの見分け方

また、指の長さでも星の強さを読み取ることができます。指は星のエネルギーを集めるアンテナのようなもの。手の形では全体的な指の長さを見ましたが、今度は**中指を基準として**、指5本それぞれの相対的な長さをチェックしましょう。左図に示した**標準的な長さより長いか短いか**によって、星のエネルギーをどれだけキャッチしているかを見ていきます。（標準的な長

標準的な長さ

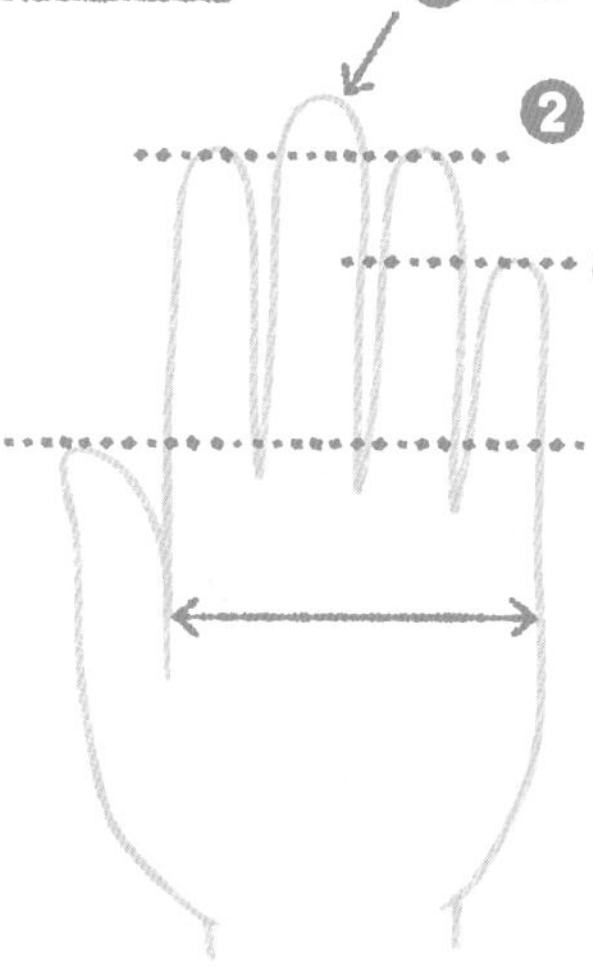

❶ **中指**：手のひらの横幅と同じくらい
❷ **人指し指と薬指**：中指の先端と第一関節の間くらい
❸ **小指**：薬指の第一関節と同じくらい
❹ **親指**：小指の第二関節と同じくらい

見分け方

軽く手を閉じて、指を揃えましょう。

① 中指の長さを確かめます。

② 人差し指と薬指の長さを確かめます。

③ 小指の長さを確かめます。

④ 親指の長さを確かめます。

さの場合は、長さを気にしなくて大丈夫です。）

　丘と指の状態を読み取ることで、私たちの性格、身体のこと、社会的な活動のありかたが見えてきます。

　どんな星の影響を受けているかを改めて知ることで、その星から得た能力を存分に活かしているかどうかを振り返ってみてください。自分の能力を活かしていくことで、宇宙からのパワーを受けて、より豊かな毎日が送れるはずです。自覚していなかったとしたら、ふとしたときに思い出していただくだけで、今まで思ってもいなかった自分の新しい一面が見えてくるかもしれません。

　また、あなた自身の得意なところ、または行動するのに時間がかかったり勇気がいるところはどこなのかを考えてみると、より理解が深まっていくでしょう。

丘の能力・キーワード・テーマ一覧

キーワードは抽象的にとらえるとGood!

星の力が使えると能力になる!

キーワード	能力	
自然の法則・道徳心・拡大	導く力・シェアする力	木星丘
土台を固める・ルール・地道・努力・制限・時間	社会への適応力・継続力・忍耐力・集中力	土星丘
魂・人気・権力・エゴ・リーダー	自己表現力・自己肯定力・決断力	太陽丘
言葉・情報・知識・表現	交渉力・つなぐ力・コミュニケーション能力	水星丘
内観	内観力	第一火星丘
観察・理論	観察力	第二火星丘
活力・動く・情熱・道具	行動力(挑戦する力)	火星平原
愛・芸術・欲望・直感・魅力・繁栄	直感力・表現力・創造力	金星丘
心・変化・現実・感情・受容	想像力・共感力・受容力	月丘
自分とは?・否定・神経質・あの世・疑い	神秘的洞察力・信仰心	地丘

星のキーワードと身体のテーマの共通点を見つけてみよう！

社会の中で発揮されると…

星の力を自分の性格に当てはめると…

補助線	身体のテーマ	社会的テーマ	個人的テーマ
ソロモンの環・希望線	聴覚・免疫力	教育・平和・秩序・エンタメ	親切心・寛大・前向き・陽気・向上心
土星環・社交線	触覚・末梢神経	労働・奉仕・サラリーマン・サービス業	忍耐・責任感・控えめ・執着・不安
太陽線・太陽環	心臓・脳	権力者・リーダー	やる気・自信・独立心
パートナーシップ線・財運線	嗅覚・皮膚・神経中枢	仲介・取引・報道・商売・文筆・貿易	ユーモア・柔軟性・認知
短気線			自問自答
忍耐線	視覚・手・筋肉（速筋）	研究・開発・科学	客観性
神秘十字線・努力開運線			挑戦・攻撃
功徳線・仏心紋（仏眼）・ファミリーリング	味覚（舌）・生殖器官	お金・パートナーシップ（結婚）	人気・感動・喜び
引き立て線・旅行線・放縦線	血液・子宮・リンパ・胃腸	人間関係全般（家族・家庭・世間）・社会性	思慮深さ・感傷的・やさしさ
テンプル	排泄器官・アレルギー・老廃物	自己探求・出家・悟り	追求する・収縮する・解放する

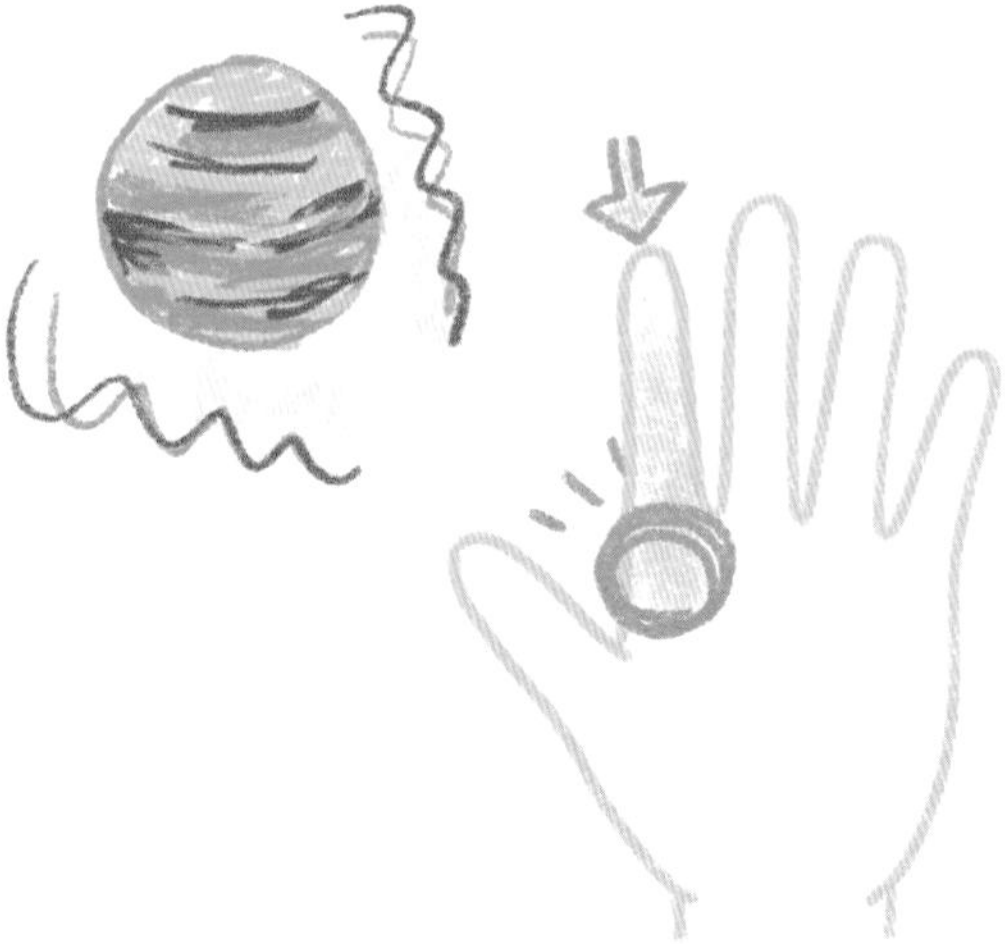

木星丘

～幸せの法則を学ぶ力～

人差し指の付け根にあるエリアが木星丘です。実際の木星はガス状の天体であり、どんどん拡大する性質を持つ、太陽系で一番大きな惑星です。

そんな木星は、自然界の法則を司る星であり、命ある全てのものの幸せを考え、法則を学び、道徳心を育てる星。私たちが自然を敬い、自然から与えられたものを分かち合おう、シェアしようという気持ちは木星からのメッセージといえます。

人差し指が長く、木星丘がふくらんでいたり縦線が描かれている人は、木星の前向きさや、関わる人や物事を良い方向へ導く力を備えているので、与えることが上手にできる人。教育や平和に関わる活動が向いている人は、木星の力が大きいといえます。人差し指が短い人は、周りの空気に左右されず保守的な考え方をする人。木星丘が平らかな人は、慎重に物事を進める用心深さがある人といえます。

木星は、この世界に生きる私たちをいつも良い方向に導いてくれています。
自然の声に耳を傾け、焦らず自分らしく進みましょう！

➡ p.80

木星丘の能力

導く力
シェアする力

木星丘の影響を受ける補助線

ソロモンの環
希望線

キーワード

自然の法則　拡大
道徳心

個人的テーマ

親切心　寛大
前向き　陽気
向上心

身体のテーマ

聴覚
免疫力

社会的テーマ

教育　秩序
平和　エンタメ

自分の丘と指を見てみよう！

➡ カルテ（p.151）に自分の丘と指の特徴を書き込もう！

木星丘のふくらみ

- **ある** 気前が良い、与え上手
- **平らか** 慎重である

人指し指の長さ

- **標準より長い** 向上心がある
- **標準より短い** 頑なになりやすい

土星丘

～コツコツがんばる力～

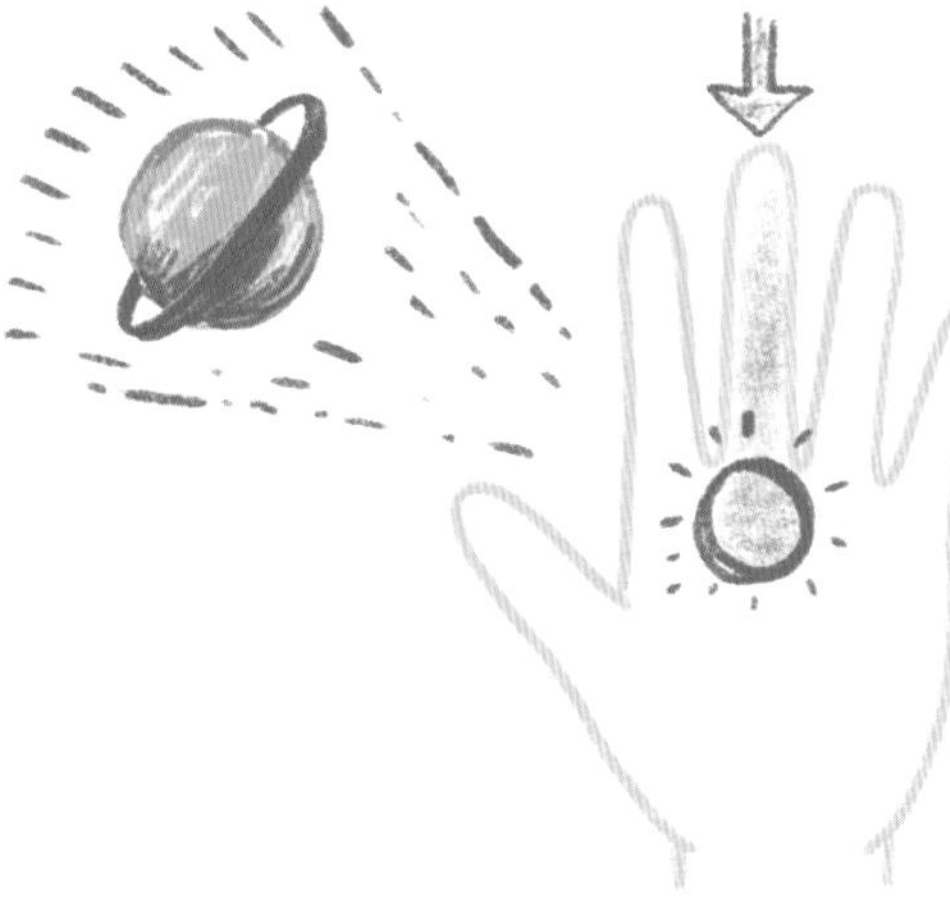

惑星の中で最も動きの遅い星である土星は、一歩ずつ着実に土台を固める性質を持ち、目標に向かってコツコツと努力する力や忍耐力を私たちに授けてくれる星。私たちがあきらめずにがんばろうとする気持ちは、土星からの影響を受けているといえます。

占星術の世界では、土星はルールや時間を司るとても重要な星とされています。しかし自分のルールと社会のルールは必ずしも一致するとは限らず、中指が長い人はキャッチ力が高いため自分の世界観や考え方を優先する傾向があり、中指が短い人は、社会の常識やルールを重んじる適応力があります。土星丘がふくらんでいれば忍耐強く与えられた役割や自分のやるべきことに一生懸命に取り組めます。平らかな人は自分のルールに忠実な一方、継続力や忍耐力にムラがあるかもしれません。とはいえ、土星丘のふくらみすぎは我慢しすぎているサインとも取れるので、バランスを取ることが大切です。

土星は私たちに「与えられた環境の中で自分のできることをコツコツがんばろう！」と働きかけているので、毎日のルーティンワークを丁寧に取り組んでいきましょう。

➡p.81

土星丘の能力

社会への適応力　忍耐力
継続力　集中力

土星丘の影響を受ける補助線

土星環
社交線

キーワード

土台を固める　努力
ルール　制限
地道　時間

個人的テーマ

忍耐　執着
責任感　不安
控えめ

身体のテーマ

触覚
末梢神経

社会的テーマ

労働　サラリーマン
奉仕　サービス業

自分の丘と指を見てみよう！

➡カルテ（p.151）に自分の丘と指の特徴を書き込もう！

土星丘のふくらみ

ある　社会的な役割を重視する
忍耐強く継続できる

平らか　マイルールに忠実
忍耐力があまりない

中指の長さ

標準より長い　自分の世界観を優先する

標準より短い　社会の中で適応力がある

太陽丘

~自分を信じる力~

太陽系の中心で、唯一自ら光を放つ太陽は、全ての物事を自分で決める決断力を授けてくれる星。私たちの本質を照らす性質を持ち、何かを決めるとき、自分の意志をしっかりと信じるとき、私たちは太陽の力を借りています。

太陽丘と薬指をチェックすると、太陽の力を素直に受け取れているかがわかります。薬指が長く、太陽丘がふくらんでいたり縦線が描かれている人は、自分の意志を表現することが上手な人。夢を叶えていく姿そのものが、関わる人を勇気の光で照らし、リーダー的存在になっていきます。

薬指が短い人は、周囲からの影響を受けやすく自分の気持ちを表現できないときもありそうですが、協調性が高くサポート上手な人ともいえるでしょう。太陽丘が平らかだったり、縦線がない人は、周囲の空気を読み、控えめで場の空気を和やかにする力があります。

太陽は私たちに「自分で決める喜びを感じよう！」と働きかけています。
奥底に眠っている「魂」にスポットライトをあてて、
自分を見つけていきましょう。

➡p.82

太陽丘の能力

自己表現力　**決断力**
自己肯定力

太陽丘の影響を受ける補助線
太陽線
太陽環

キーワード

魂　エゴ
人気　リーダー
権力

個人的テーマ

やる気　独立心
自信

身体のテーマ

心臓
脳

社会的テーマ

権力者
リーダー

自分の丘と指を見てみよう！

➡カルテ（p.151）に自分の丘と指の特徴を書き込もう！

太陽丘のふくらみ

ある　影響力がある
平らか　控えめである

薬指の長さ

標準より長い　決定力がある
標準より短い　サポートが上手にできる

水星丘

～コミュニケーションの力～

　水星は惑星の中で最も速く動き、様々なことを素早くつなぐ性質を持つ星。知識や情報を適切に活用し、伝える、交渉するといった、コミュニケーションの力を私たちに授けてくれる星です。

　左の図の社会的テーマを見てもわかるように、私たちが日常の中で人やモノとつながる行為は水星の影響を受けています。

　小指が長く水星丘がふくらんでいる人、縦線が描かれている人は、キャッチ力が高く、知識や情報を集め表現する力がある社交上手な人。言葉の力が備わっているので、自信を持って自分の言葉や文章で想いを表現していきましょう。

　小指が短く水星丘が平らかな人は、人と話をするよりも、自分の思考を見つめることに長けています。左右の手を見比べて、もし左手より右手の水星丘の方が平らかな場合は、今は対人関係に少し疲れてしまっている時かもしれません。

水星は私たちにコミュニケーションの楽しさを教えてくれるので、
話せそうな人やチャンスがあった時には思いきって言葉に出してみましょう。

➡ p.83

水星丘の影響を受ける補助線

財運線
パートナーシップ線

水星丘の能力

交渉力　つなぐ力
コミュニケーション能力

キーワード

言葉　知識
情報　表現

個人的テーマ

ユーモア　認知
柔軟性

身体のテーマ

嗅覚　神経中枢
皮膚

社会的テーマ

仲介　商売
取引　文筆
報道　貿易

自分の丘と指を見てみよう！

➡ カルテ（p.151）に自分の丘と指の特徴を書き込もう！

水星丘のふくらみ

- **ある** 社交的である
- **平らか** 人見知りである

小指の長さ

- **標準より長い** コミュニケーションが得意
- **標準より短い** 考え込みやすい

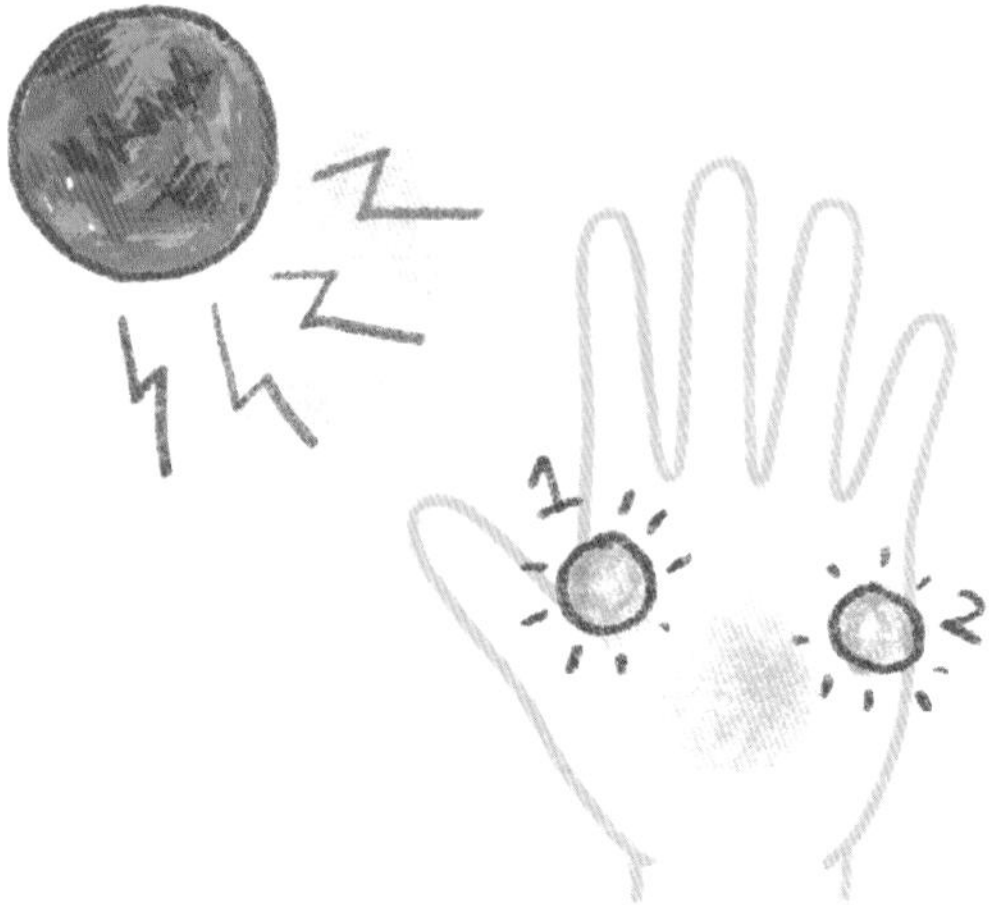

第一・第二火星丘（火星丘）

～真実を見極める力～

火星の力は、生きるエネルギーそのもの。生命の火、情熱の火を燃やしながら、真実を見極め、より良い方向へ物事を改革するときの行動力を与えてくれる星です。

火星丘は3つのエリアに分けられ、親指側にある第一火星丘は自分自身を見つめる「内観力」、小指側にある第二火星丘は外側を観察する「観察力」、真ん中の火星平原（p.48）は、内と外を見つめた結果どのように行動するのかという「行動力」をそれぞれ与えてくれています。

第一・第二火星丘ともに丘がふくらんでいれば、自分自身や外の世界を観察し考える力があります。

丘が平らかだと、思い込みが強かったり流されやすく、また自分探しの途中のため、やりたいことがこれから見つかる可能性のある人です。周りの空気に流されずに無理なく決断できるその日まで、エネルギーを貯めておくことをおすすめします。

第一火星丘と第二火星丘、どちらの丘がよりふくらんでいるかを見比べるのも、今の自分らしさを発見するきっかけになりますよ。

第一・第二火星丘の能力

内観力（第一火星丘）
観察力（第二火星丘）

➡ p.84

第一・第二火星丘の影響を受ける補助線

短気線（第一火星丘）
忍耐線（第二火星丘）

キーワード

第一火星丘	第二火星丘
内観	観察 理論

個人的テーマ

第一火星丘	第二火星丘
自問自答	客観性

身体のテーマ

視覚　筋肉（速筋）
手

社会的テーマ

研究　科学
開発

自分の丘を見てみよう！

➡ カルテ（p.151）に自分の丘の特徴を書き込もう！

第一火星丘のふくらみ

ある　自分自身を見つめる勇気がある
平らか　思い込みが強い

第二火星丘のふくらみ

ある　観察力がある
平らか　流されやすい

火星平原（火星丘）

～行動する力～

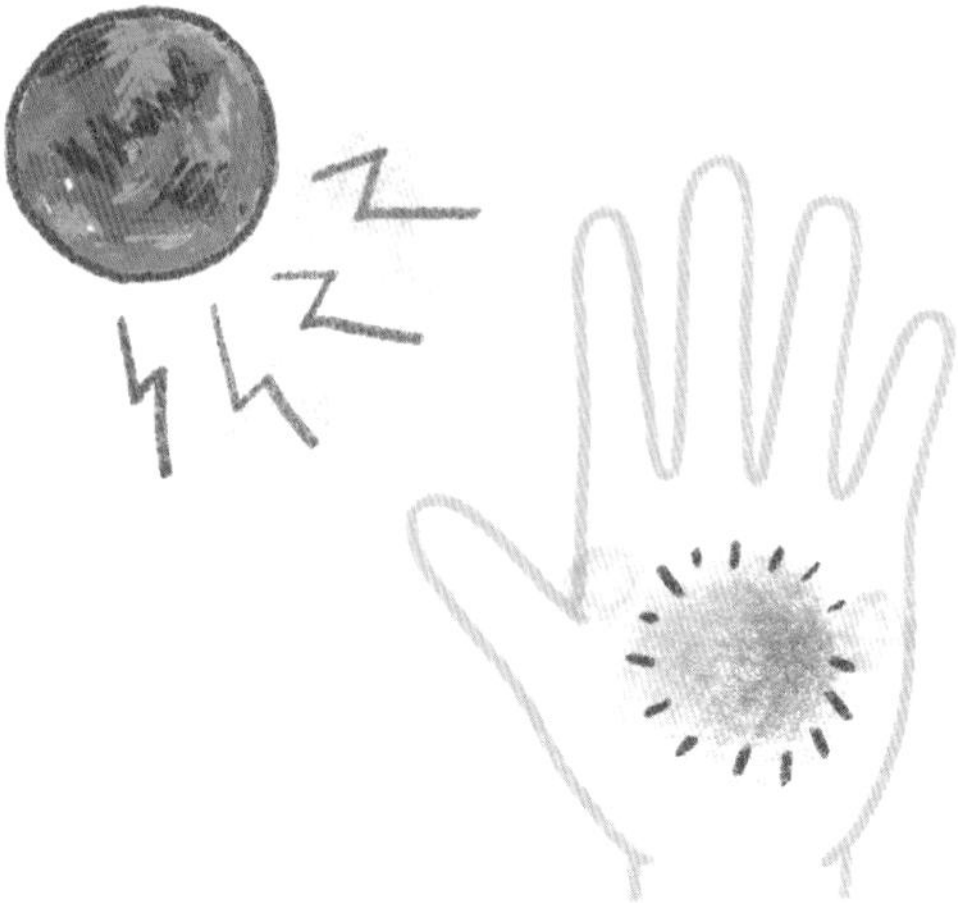

手のひらの真ん中にある火星平原は、丘と違って平らかな状態が理想です。

　第一・第二火星丘がふくらんでいて火星平原が平らかな人は、行動するときに内観、観察ともにバランス良くできているので、物事の流れがスムーズに運ぶことでしょう。

　火星平原がふくらんでいる人は、やりたいことの実現のためにあと一歩のところまで来ています。恐れずにまず一歩、「やってみる」ことが大切です。

　内側から感じる情熱、活力は火星平原の影響を受けています。観察眼ばかりが発達して行動ができていないとき、人は批判的になってしまったり、攻撃的になってしまうこともあります。

　火星平原は、私たちに「挑戦することの勇気」を与えてくれています。今のあなたにもしやってみたいことがあるならば、恐れず挑戦していきましょう。

火星は私たちに「本当にあなたがやりたいことは何？」と働きかけているので、好きなこと、得意なこと、苦手なこと、大切にしたいことが何かを、自問自答したり、世の中を観察しながらじっくり考えてみましょう。

➡ p.85

火星平原の能力

行動力（挑戦する力）

火星平原の影響を受ける補助線

神秘十字線
努力開運線

キーワード

活力　情熱
動く　道具

個人的テーマ

挑戦
攻撃

身体のテーマ

視覚　筋肉（速筋）
手

社会的テーマ

研究　科学
開発

自分の丘を見てみよう！

➡ カルテ（p.151）に自分の丘の特徴を書き込もう！

火星平原のふくらみ

ある（赤みがある）	動きたいけれど動けていない状態
平らか	バランスが取れた行動力がある（やりたいことができている）

金星丘

～喜びを感じ、表現する力～

金星は、内なる生命力や愛を司る星。喜びや感動を感じる力、そこから何かを生み出す表現力を私たちに与えてくれています。

親指が長い人、金星丘がふくらんでいる人は、好きなこと、感動する気持ちを素直に表現することができ、好きなことに取り組んでいる姿や笑顔でいる姿そのものが人の心を弾ませ、喜びを与える魅力的な人となります。親指が短い人は、家族や親しい友人など身近な人を大切にできる人です。金星丘が平らかな人は、控えめで落ち着いていますが、少し活力不足かもしれません。

金星の持つ生命力や愛の強さは欲望を生み、欲望を満たすためのツールとして、社会的テーマに「お金」が入ってきます。星の持つキーワードとそれぞれのテーマのつながりを想像できると、より深くその星・丘のイメージを理解することができます。

金星は私たちに「あなたが好きだと思うことをやってごらん」と働きかけているので、あなたが何に喜び、何に感動するのかをもう一度思い出してみましょう。

➡ p.86

金星丘の影響を受ける補助線

- 功徳線
- 仏心紋（仏眼）
- ファミリーリング

金星丘の能力

直感力　創造力
表現力

キーワード

愛　直感
芸術　魅力
欲望　繁栄

個人的テーマ

人気　喜び
感動

身体のテーマ

味覚（舌）
生殖器官

社会的テーマ

お金
パートナーシップ（結婚）

自分の丘と指を見てみよう！

➡カルテ（p.151）に自分の丘と指の特徴を書き込もう！

金星丘のふくらみ

ある　愛情表現が豊かである
生命力がある

平らか　控えめで落ち着いている
少し元気がない時期

親指の長さ

標準より長い　芸術的なセンスがある

標準より短い　身近な人を大切にする

月丘

～他者の気持ちに共感する力～

月は人の心に大きく影響を与える星です。太陽の光に照らされて目に映る姿を日々変えてゆく月のように、日々移り変わる心、その心が映し出す現実世界、変化を受け入れる受容力などがキーワード。

日常で感じる感情や心の動き、他者を思いやる想像力は、月の影響を受けています。

月丘がふくらんでいる人や縦線がある人は、月の持つ思いやる力、共感力を受け取り、「他者のために」という気持ちを表現することができます。相手の立場になり行動する姿は、周りの人にある「やさしさ」を引き出すきっかけになるでしょう。

月丘が平らかな人は、現実を淡々とクールに見つめることが得意です。

月丘がふくらんでいる人は、共感力が高いために傷つくことも多いかもしれませんが、周囲からの光によって輝く性質があるので、社会的人気や自分を引き立てるご縁に恵まれる人も多いでしょう。

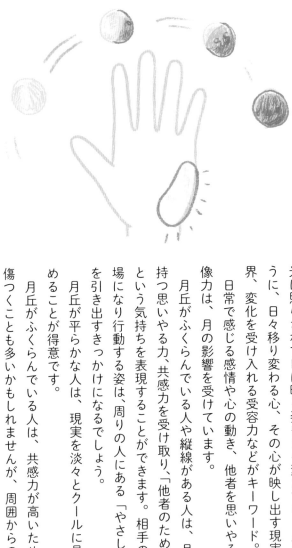

月は私たちに「傷つくことを恐れずにまずは今の自分を認めてあげよう」と働きかけます。まずは自分のために時間を作って、良いところ、得意なことを見つけて自己理解につなげていきましょう。

➡p.87

月丘の能力

想像力　**共感力**
受容力

月丘の影響を受ける補助線

引き立て線
旅行線
放縦線

キーワード

心　感情
変化　受容
現実

個人的テーマ

思慮深さ　やさしさ
感傷的

身体のテーマ

血液　リンパ
子宮　胃腸

社会的テーマ

人間関係全般
（家族・家庭・世間）
社会性

自分の丘を見てみよう！

➡カルテ（p.151）に自分の丘の特徴を書き込もう！

月丘のふくらみ

ある　感受性が豊か、想像力がある

平らか　淡々としている

地丘

～目に見えない世界を信じる力～

地丘は唯一、実際の星ではなく「あの世」の影響を受けるとされているエリアです。魂が生まれ、還る場所といわれ、「自分とは何か？」という問いを私たちに投げかけます。

身体のテーマを見ると、「自分らしくない」ものを外に出してくれる排泄器官や症状が、地丘とリンクしているのがわかります。

地丘のふくらみはわかりづらいので、色や線からも判断していきましょう。地丘がふくらんでいたり赤みがかっている人、縦線が描かれている人は、自己探究心や洞察力が強く、自分らしく心身の断捨離ができる人。地丘が平らかだったり青白い人は、勘をあてにせず何事も慎重に状況を確認する、どちらかといえば疑い深い人。自分らしさを追求していく中で、疑いや否定の気持ちが起こって気持ちが収縮したり、答えを見つけて解放感が起きたりするのも、この地丘の影響といえます。

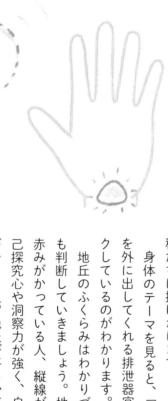

地丘は、目に見えない世界を感じ、信じる力を私たちに授けてくれます。
疑いや否定を手放して、信じる練習をしてみましょう。

➡ p.88

地丘の能力

神秘的洞察力
信仰心

地丘の影響を受ける補助線
テンプル

キーワード

自分とは？　あの世
否定　疑い
神経質

個人的テーマ

追求する
収縮する
解放する

身体のテーマ

排泄器官
アレルギー
老廃物

社会的テーマ

自己探求　出家
悟り

自分の丘を見てみよう！

➡ カルテ（p.151）に自分の丘の特徴を書き込もう！

地丘のふくらみ

ある（赤みがある）	洞察力がある、勘が鋭い
平らか	鈍感、疑い深い

星のエネルギーってどういうこと？

手のひらに星のエネルギーが宿っている、自分が様々な惑星の影響を受けて生きている、という考え方は、占星術を知らない人からするとちょっと驚く内容かもしれません。でも月の満ち欠けが人間の身体や心、潮の満ち引きなどの自然の動きに影響を与えているように、月よりも巨大な惑星が私たちの心や身体に影響を与えていることも、とても自然なことなのです。

私たちは、魂が身体に宿ることによって、ひとりの人間として生きています。この身体は地球からの贈り物。地球にある4元素（土・風・火・水）と星々のエネルギーを受けて、ひとりひとりの身体や心、思考が動いています。それを実際にこの目で確認することができるのが、手相なのです。手相は占星術を土台とした学問なので、この本では各丘に宿る星の意味について、より詳しく占星術の視点でお伝えしています。

各丘の**「キーワード」は、その丘を司る星が持つエネルギーの基本的な性質**です。**丘に宿ったその星の性質が、個人の能力や社会的な役割としてどんな形で外側へ現れるのか**を、丘の**「能力」や「個人的テーマ」「社会的テーマ」「身体のテーマ」などで具体的に見ていきます。**そのため、一般的な手相の本とは多少言い回しが異なる部分もありますが、それはこの抽象度の違いと捉えてください。また、似たようなテーマや単語が複数の丘に出てきて読み分けに迷ったときは、星のキーワードや能力をよく読み比べるとその違いがだんだんとわかってきます。星の意味を腑に落として立体的にイメージできると、より一層理解が深まり、丘や線の状態を見たときに受け取れる情報もぐっと増えて、手相を見ることが一段と楽しくなりますよ！

キーワードとテーマの関係性をつなげて覚えよう！

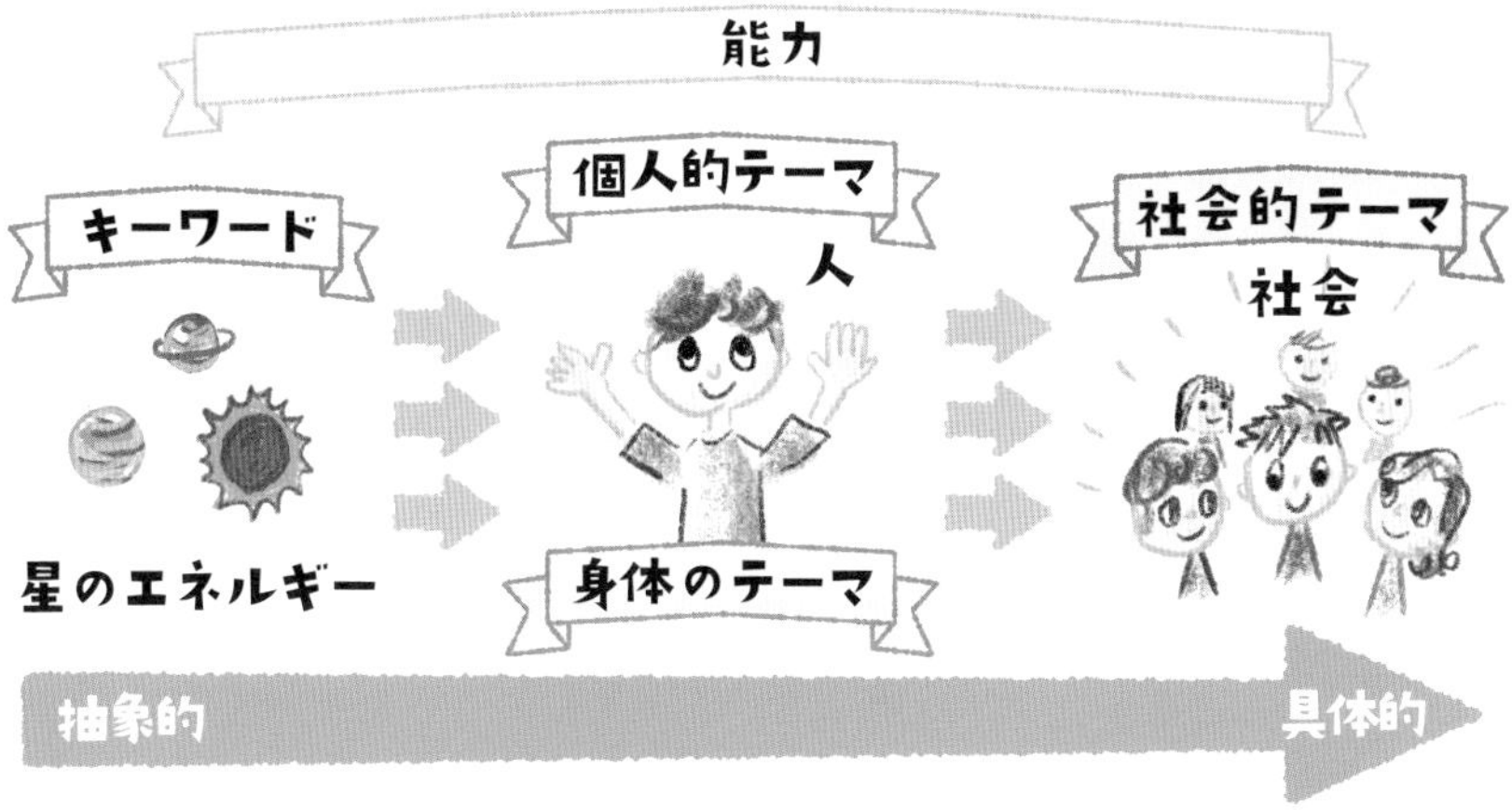

似たような単語があって迷うときは、星のキーワードや能力の違いで見分けよう！

例：パートナーシップ

キーワード・能力

金星

社会的テーマ：
パートナーシップ（結婚）

愛、直感、魅力、
喜び etc.

→ 恋をする、愛が始まる

水星

補助線：
パートナーシップ線

交渉力、
コミュニケーション能力、
言葉、表現 etc.

→ 愛を伝え合う

月

社会的テーマ：
人間関係全般
（家族・家庭・世間）

心、現実、受容、
やさしさ etc.

→ 愛を感じる、愛を育む

パートナーシップと一言で言っても、キーワードや能力を見ると、パートナーシップを育む段階によって働いている星のエネルギーが違うのがわかります。

column 3

星のエネルギーを活用しよう！

手相は、自分では気づかない潜在的な能力や才能を教えてくれますが、その人の持つ意志が刻んでいくものでもあります。

星々の持つエネルギーは、いつも私たちの気持ちや行動を後押ししてくれています。たくさんの星の力がいつも自分に力を貸してくれていると思うと、なんだか心強く感じませんか？ これは、実際にそうなのです。

忍耐力が欲しいなと思うときは、土星の力が欲しいな、と思うときです。自分に自信が欲しいなと思うときは、太陽の力が欲しいなと思います。そういうときに私は、手のひらを空に向けて、星のパワーをもらいます。誰かに見られたらと思うとちょっと恥ずかしいのですが、実はこれが結構効果があるんです。

また、これもよく言われることですが、こんな手相になりたい、こんな線が欲しい、と思うときに、自分の手のひらにペンで線を描いてみるのもオススメです。

こんな線が欲しいんだ、こんな力が欲しいんだ、という想いが、線を描くことで手を通じてインプットされて、だんだんと気持ちや行動が変わり、線が刻まれていったりします。

空に手をかざしたり、線を描いてみたり、どれもちょっとしたことなのですが、こんな些細なことだって、自分の想いを表現する一つの立派な行動です。遊びだと思って試してみると、二の足を踏んでいたところから、一歩踏み出せるかもしれませんよ。

Step

2

自分の才能を知る

基本線

Step 2

基本線

～生まれ持った才能が描かれた線～

基本線とは、**生命線・感情線・知能線・運命線**の４つの線のことです。（運命線は、人によって描かれていない人もいます。また、感情線と知能線がつながると「マスカケ線」と呼びます。）手の形が生き方の価値観・性質を示すものだとしたら、基本線はその**価値観を実現するための才能**といえるでしょう。その人の基本的な体質や気質、考え方、人生の流れ、行動パターンなどがわかります。その人の本質を見る線、「あなたにはこんな才能があります！」とわかりやすく表現されている線が基本線です。

線の濃さからは、その人が持つ意志の強さ（生命力、決断力、主体性）などがわかります。また、各線には**出発点**と**流れる方向**があり、線がどの丘から出発しているのか、どの丘に向かっているのかなどを見ることによって、その人がどんな世界観、価値観を持っているのか、どんな考え方をするのかなどを、詳しく読み取っていくことができます。

才能は生まれたときから持っているものなので、自然とすんなりできてしまう能力といえるでしょう。才能として描かれている能力でも、使わなければ本人が自覚するほどの能力として育っていない可能性があります。才能はこの人生で活かしていく部分として持ってきているものなので、自分にどんな才能があるのかを自覚して、たくさん活用していきましょう。

基本線は4つあります

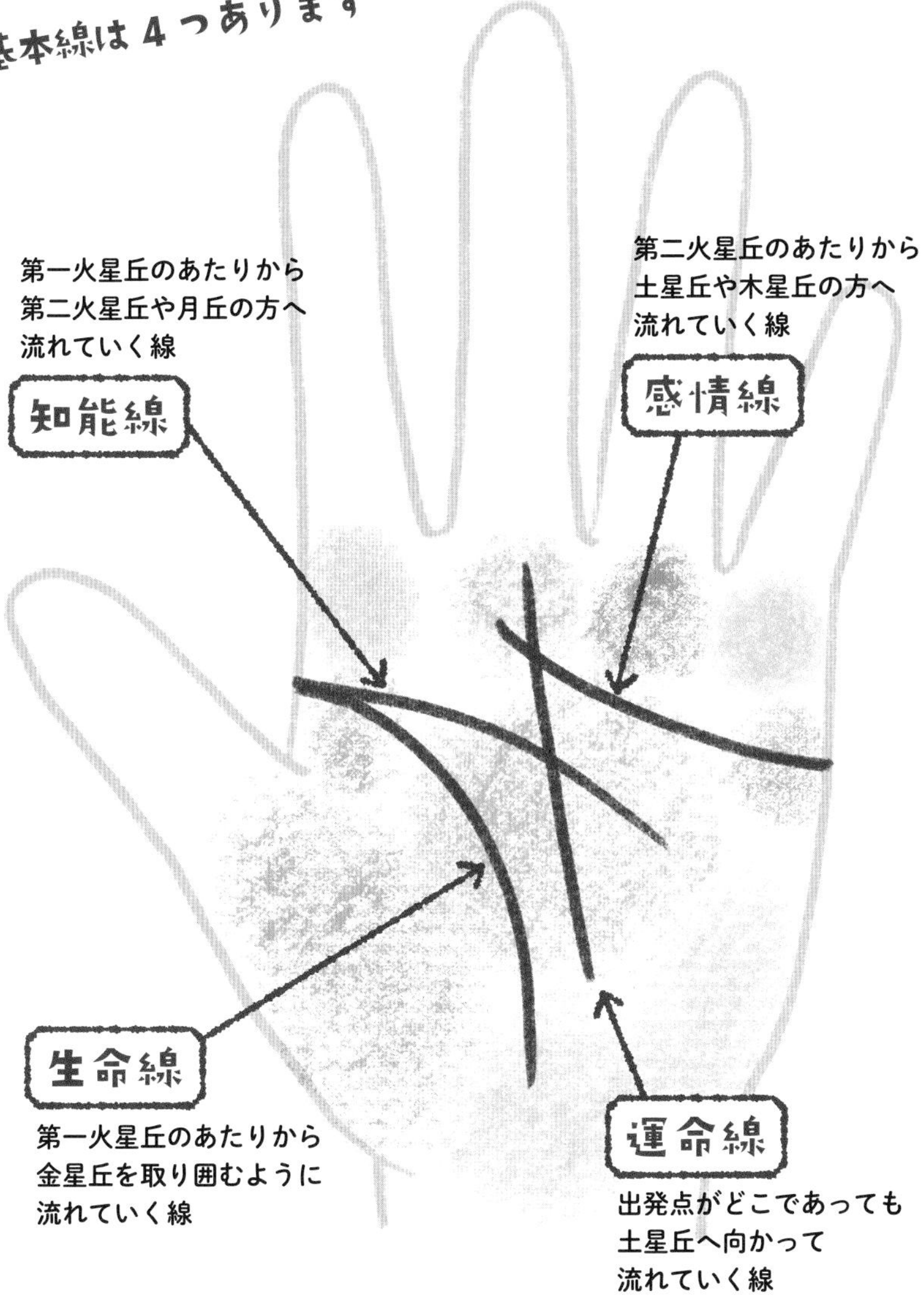
第一火星丘のあたりから
第二火星丘や月丘の方へ
流れていく線
知能線
第二火星丘のあたりから
土星丘や木星丘の方へ
流れていく線
感情線
生命線
第一火星丘のあたりから
金星丘を取り囲むように
流れていく線
運命線
出発点がどこであっても
土星丘へ向かって
流れていく線

線を読むときのポイント

基本線や補助線などの手のひらの線を読むときに大切なのは、「**濃さ**」「**長さ**」「**線の向かう先**」などのいくつかあるポイントをつかむことです。

手のひらに描かれている線は誰ひとり同じ形のものはなく、チェーン状になっていたり支線が出ていたりするので、はじめから細かいところに注目すると迷ってしまいます。ポイントをつかむことで、細かいところにつまずかずに線からの情報を得ることができます。

濃さ

線が濃いのか薄いのかの見分け方は、丘のふくらみと同じように、**パッと見た第一印象**で決めていきましょう。

手のひらを目から少し離してみて、離れたところから肉眼でもしっかり見ることができれば「濃い」と判断してください。肉眼ではっきり見えない場合には「薄い」と判断してください。「濃い」から良い、「薄い」からダメということではなく、今のあなたがどんな状態かを冷静に受け止めることが最も大切なので、気楽な気持ちでチェックしてくださいね。

出発点と線の向かう先

各線には出発点があり、線の向かう方向があります。どの丘から線が出発しているのか、どの丘の方向へ線が向かうのか、などで意味を読み取っていきます。また、枝分かれしているかどうかの見分け方は、**線の途中ではなく線の先端が枝分かれしているかどうか**をチェックします。迷ったときは手のひらを少し目から離してみて、先端が枝分かれしていれば「枝分かれしている」と認定してください。線の向かう先をチェックするときは、枝分かれしている場合、**一番濃い線がどの方向を向いているか**をチェックすると良いでしょう。どの線が一番濃いのかわからないときは、どちらの方向もチェックしてみましょう。

手相を学びたてのときは細かいところに意識が向かいがちですが、まずは細かいところよりも全体を見てざっくり判断していくことをおすすめします。

線の状態もすぐに変化するので、定期的にチェックしながら、自分の状態を手のひらを通して知る楽しさを感じてもらえたら嬉しいです。

それぞれの線の細かなチェックポイントは、各線のページにチャート図を用意しましたので、「カルテ」(p.149〜)にあなたの線の特徴を書き込みながら確認してみてくださいね。

カルテの書き方は、Step.5の「複合リーディング」(p.115〜)で詳しく解説していきます。

枝分かれしている場合

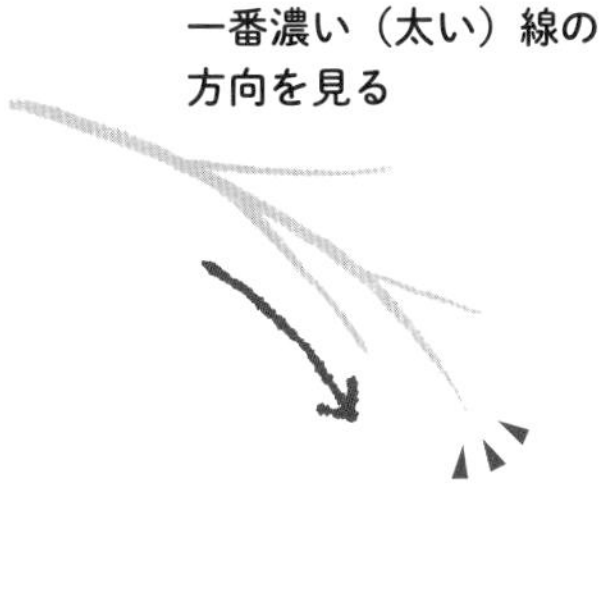

どの線が一番濃いか わからない場合

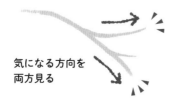

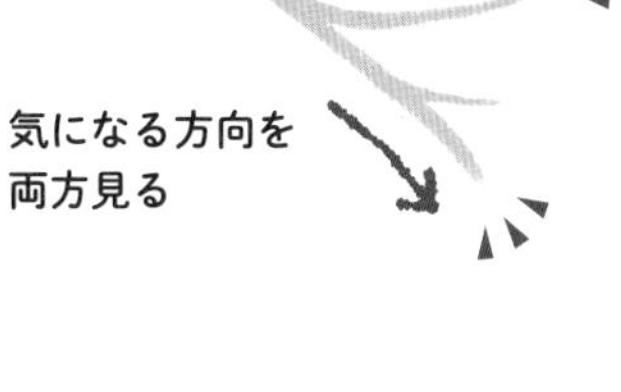

生命線

～生命力、行動力を表す線～

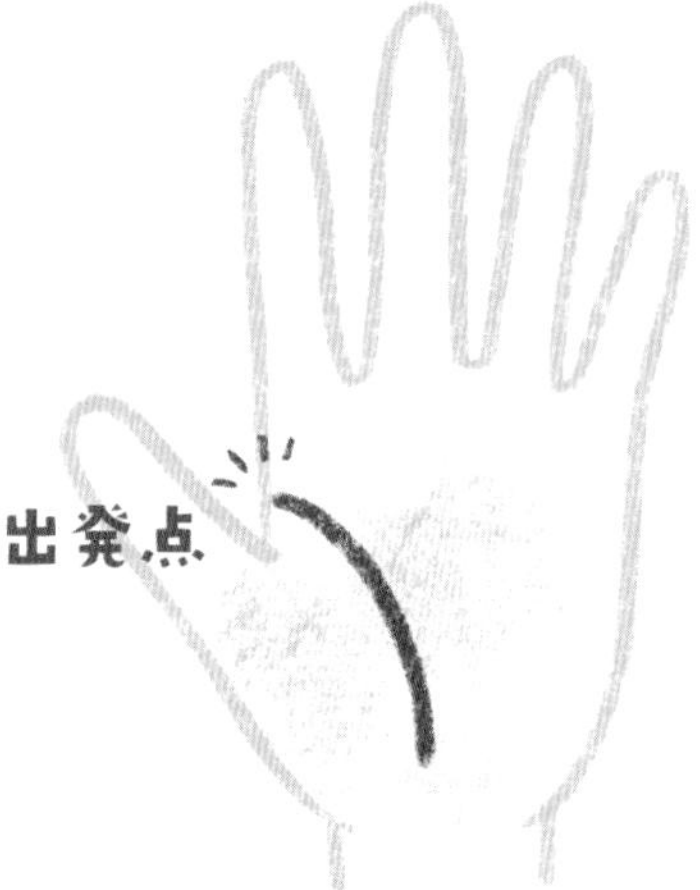

生命線とは、第一火星丘のあたりから金星丘を取り囲むように手首に向かって流れていく線のことで、**生命力**や**行動力**を表します。寿命を見る線だと思っている方もいますが、短いから短命、長いから長寿というわけではないのでご安心ください。生命線を読むときのポイントは、線の濃さ・張り出し方・長さと線の向かう先です。生命線が2本ある二重生命線の方は、より濃く長い方の線を見てください。

線の濃さは、その人の行動力や意志の強さがわかります。張り出し方には、その人のエネルギー量（生命力）や存在感が表れます。線がどの丘へ向かっているかを見ると、その人の気質がわかります。線が短く火星平原へ向かう人は挑戦好き。生命線が長く金星丘に向かっていれば、この世を楽しく快適に過ごす豊かな生き方を追求していきますし、地丘に向かっている人は、精神的な豊かさを求め、ひとりで静かに過ごす時間を好む人生になるでしょう。

自分の生命線を見てみよう！

➡カルテ（p.150）に自分の線の特徴を書き込もう！

線の濃さ　行動力

線の濃さ

- **濃い** → **大きい**　活動的、チャレンジ型、前向き
- **薄い** → **小さい**　消極的、現状維持型、慎重

張り出し方　エネルギーの量、存在感

張り出し方

【大きい】中指の中心よりはみ出している
【普通】中指の中心と同じくらい
【小さい】中指と人差し指の間より内側

- **大きい** → **大きい**　生命力が強い、存在感がある、パワフル
- **普通** → **普通**　生命力は標準的、バランスをとる
- **小さい** → **小さい**　生命力が弱い、控えめ、おとなしい、協調性が高い

長さと線の向かう先　その人の気質

長さ

- **短い** → 行動的　**短期集中型**
- **長い** → **熟考型**　慎重、冷静

線の向かう先

- **火星平原** → **挑戦好き**　結果を重視する
- **金星丘** → **物質的な豊かさの追求**　華やか、ロマンティスト
- **地丘** → **精神的な豊かさの追求**　落ち着いている

（短期集中型 → 火星平原・金星丘、熟考型 → 金星丘・地丘）

線が枝分かれしている場合、まずは一番濃い線の向かう先を見てみましょう！
（月丘に向かっているように見える場合 ➡p.135）

感情線

～心のあり方を表す線～

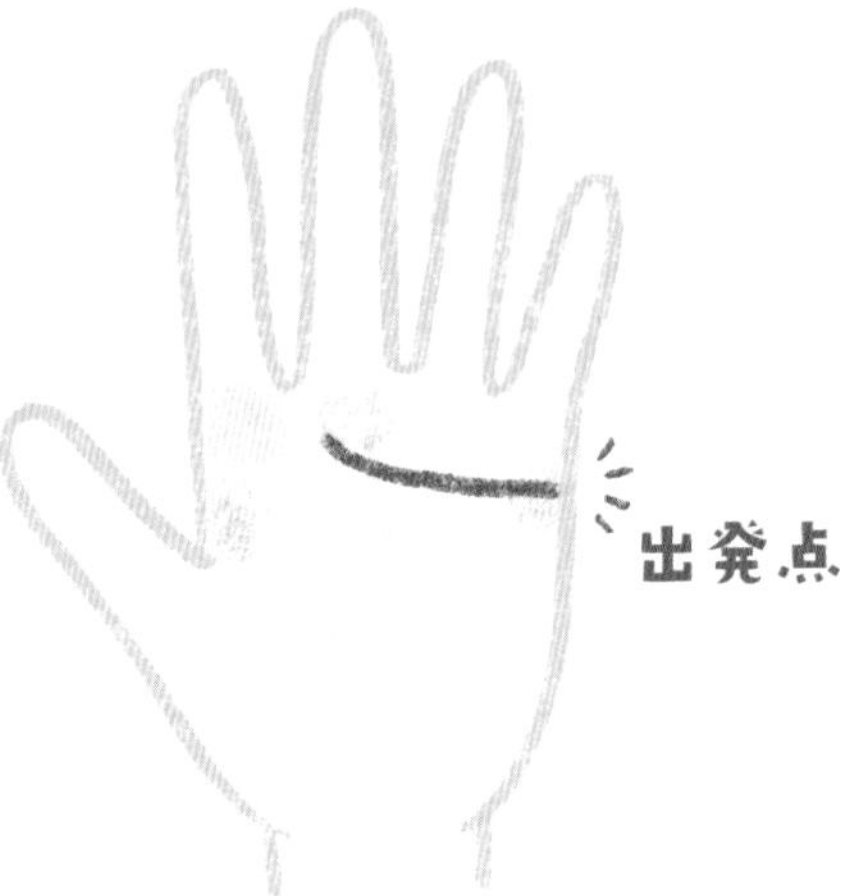

感情線は、その人の**感受性**、**愛情表現の仕方**や**心の強さ**、**人間関係の築き方**などが描かれています。

感情線を読むときのポイントは、線の濃さ・長さ・線の形と向かう先です。他の基本線と違って支線などで多少乱れている場合が多いのですが、乱れていることを気にする必要はありません。

線が濃い人は心が強く逆境に強いタイプ。線が薄い人は繊細で人間関係によって疲れやすいところがあります。線が長い人ほど愛情深く人のお世話を丁寧にすることができます。短い人は社交的で人脈を広げていくことが得意です。感情線が第一火星丘へまっすぐ伸びる人は、思ったことをストレートに表現して伝えられる人、土星丘へ向かう人は、自分の納得感を大切にする忍耐強い人、木星丘へ向かう人は人当たりがソフトで気持ちの受け止め方や伝え方が上手な人でしょう。

自分の感情線を見てみよう！

➡カルテ（p.150）に自分の線の特徴を書き込もう！

線の濃さ　心の強さ

線の濃さ		
濃い	強い	ポジティブ、逆境に強い
薄い	繊細	臆病、シャイ

長さ　心の向く方向

長さ			
とても長い	人差し指の付け根に届くほど	内向的	愛情深い、狭く深い関わりを好む
長い	人差し指の手前まで	どちらかというと内向的	柔軟性がある、バランスが取れる
短い	中指のあたりまで	外交的	社交的

線の形と向かう先　心の許容量

線の形

- 1本
- 枝分かれ

線の向かう先

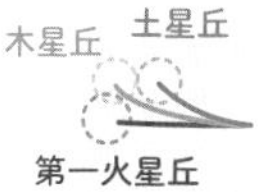

線の向かう先		
第一火星丘	現実的	現実的に判断する、観察力がある、好き嫌いがはっきりしている
土星丘	納得感が大切	自分の世界観がある、忍耐力がある
木星丘	間口が広い	包容力がある、寛容である、人当たりがソフト

線の形		
枝分かれ	柔軟性がある	柔軟性が高い、変化を楽しめる

枝分かれした線がそれぞれどこへ向かうのかも見てみましょう！

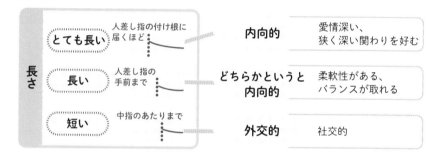

知能線

~考え方や判断力を表す線~

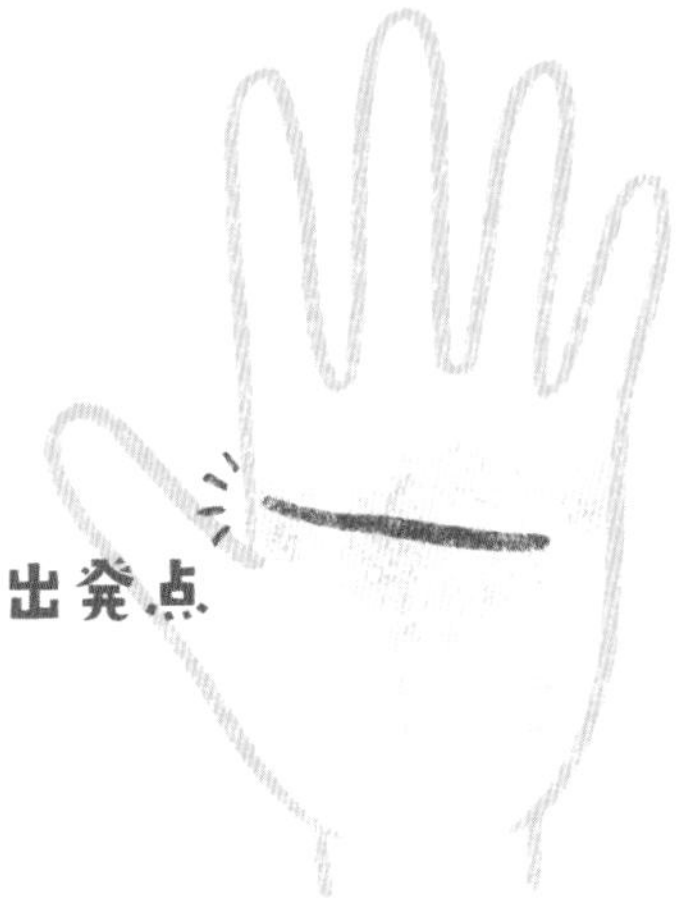

知能線には、**思考力**、**判断力**、**集中力**、**想像力**など、外からの情報をどのように活かすかを考える**思考パターン**が描かれています。

その人がどのような価値観に基づいて選択、行動しているのかを読み取っていきます。

知能線を読むときのポイントは、線の濃さ・長さと線の向かう先・出発点の位置です。線が濃い人は、判断力、観察力に優れています。薄い人は優柔不断なところがあり消極的。知能線が長いほど熟考型で、短いほど即断即決できるタイプです。

同じ熟考型でも、線が第二火星丘に伸びる人は現実的に考え経済的にもしっかりしていますが、月丘側へ伸びる人は、夢見がちで感情を重視する傾向があります。出発点が生命線と接している人は常識を重んじて行動します。生命線と離れている人は、現状を変えるためのリーダーシップを取ったり、ひとりでマイペースに行動することが多いでしょう。

自分の知能線を見てみよう！

➡カルテ（p.150）に自分の線の特徴を書き込もう！

線の濃さ　判断力

線の濃さ		
濃い	ある	判断力がある、観察力がある、前向き
薄い	弱い	優柔不断、消極的

長さと線の向かう先　思考のタイプ

長さ

短い＞⋮＜長い

薬指の真ん中が標準的な長さ

- 長い → 線の向かう先：熟考型（第二火星丘／月丘）
- 短い → 線の向かう先：火星平原

線の向かう先

線の向かう先	タイプ	特徴
熟考型：第二火星丘	現実的	効率性を重視する、経済的にしっかりしている
熟考型：月丘	情緒的	感情を重視する、想像力豊か
火星平原	即断即決型	直感重視、前進力がある

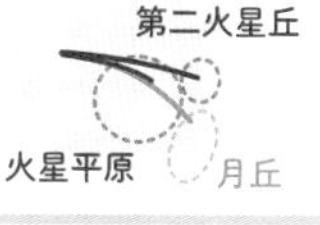

出発点の位置　行動パターン

出発点の位置		
生命線と重なる	常識的	保守的、チームで動くことができる、常識的な行動ができる
重ならない	現実離れしている	マイペース、改革を推進、ひとりで行動することが得意

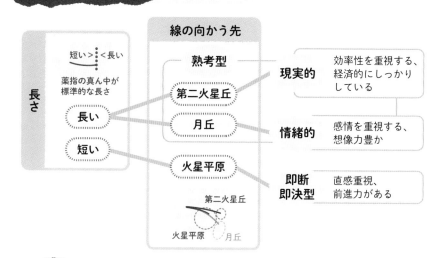

運命線

~その人らしい生き方を表す線~

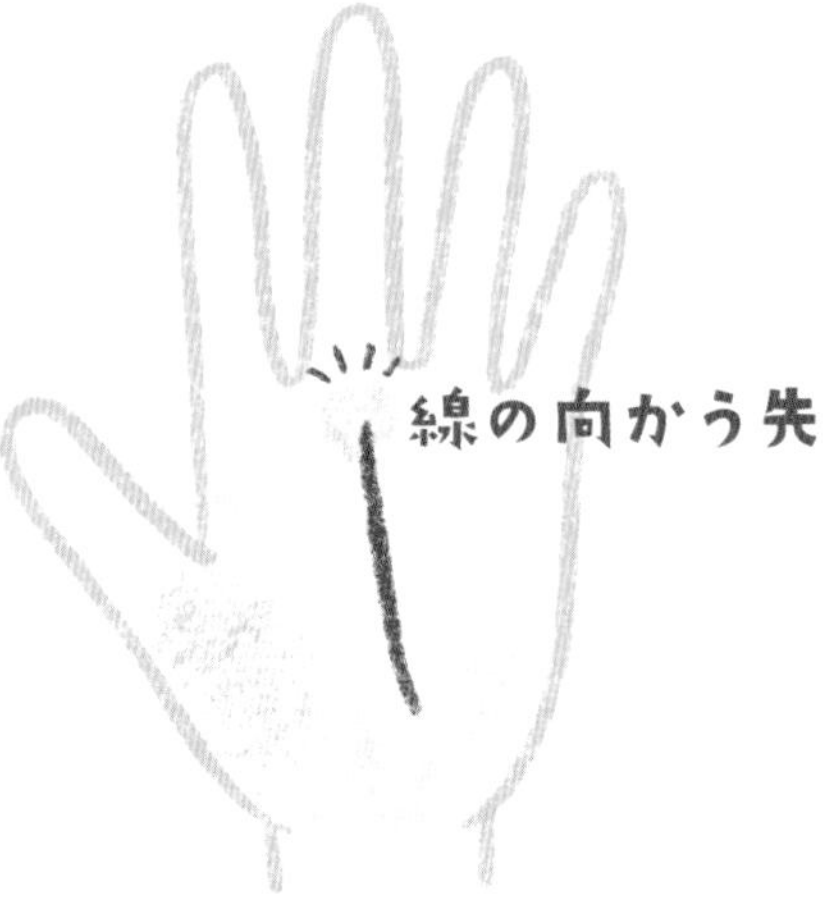

運命線とは、出発点がどこであっても土星丘に向かって流れていく線のことです。この線には、その人が持つ**主体性**や**人生の切り開き方**、**選択肢の幅**などが描かれています。運命線はくっきり目立って伸びている人もいれば、切れ切れではっきりしない人、また見当たらない人もいます。運命線はその人の意志の力が刻んでいくものなので、前向きに捉えていきましょう。運命線を読むときのポイントは、線の濃さ・出発点の位置・本数です。

線が濃い人は意志の力が強く、主体的に行動します。運命線がどの丘から伸びているかによって、その人らしい人生の切り開き方が変わりますので、よく観察してみましょう。線が1本の人は、あれこれ手を出すよりも一つのことに集中して取り組むことに向いていますが、線が複数ある人は、一つの道に絞らず興味のあることに積極的に取り組むことで、可能性が広がっていきます。

自分の運命線を見てみよう！

➡カルテ（p.150）に自分の線の特徴を書き込もう！

線の濃さ　主体性

線の濃さ		
濃い	強い	主体性が高い、意志の力が強い
薄い	受け身的	受身的、周りの空気を読む
線がない	模索期間中	たくさんのことを経験する時期

線が目立たない人、ない人は、今はまだ人生の模索期間中だといえるでしょう。
焦らず自分のやりたいことを一つずつ楽しんでいきましょう！

出発点の位置　人生の切り開き方

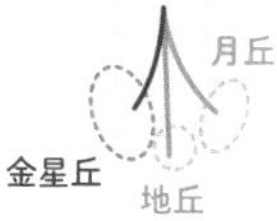

出発点の位置		
地丘から	自分らしく	自分の情熱に後押しされて進んでいく
月丘から	人との関係性	他者からの引き立てに恵まれて切り開かれていく
金星丘から	好きなもの	家族との縁が深く、夢中になれる好きなものを通してチャンスをつかむ

本数　選択肢の幅

本数		
1本	一つ	一つのことに絞って取り組む方が向いている
複数	複数	複数の選択肢を持つ方が向いている

マスカケ線

〜感情線と知能線がつながる線〜

スタンダードタイプ

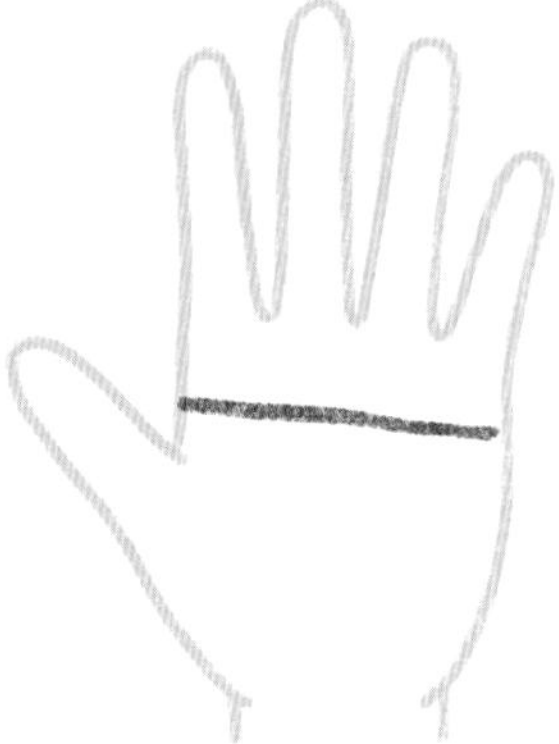

感情線と知能線がつながっている線のことを、マスカケ線と呼びます。この線は25人に1人の割合で描かれていると言われ、マスカケ線の持ち主は**物怖じしない強さ**や**逆境に負けないしぶとさ**を持っていて、粘り強い努力家の人に多く現れます。理性と感情のバランスが取れることから、リーダーシップを発揮し組織をまとめる才能があります。一方で、安定した環境では本来の強さが発揮されにくいので、決定権を持っている立場につくか、単独で動ける仕事につくと、本来の才能が発揮できるでしょう。

1本まっすぐに線がつながるマスカケ線は珍しいのですが、感情線の枝分かれした先が知能線につながるなどの変形マスカケ線はいろいろなタイプがあり、左に4つの代表的な変形マスカケ線を紹介しました。マスカケ線にさらに感情線が伸びていれば二重感情線、知能線があれば二重知能線と見なし、それぞれの線の意味が強まります。

変形マスカケ線4タイプ

変形1
なんでもこなせる敏腕プロデューサータイプ

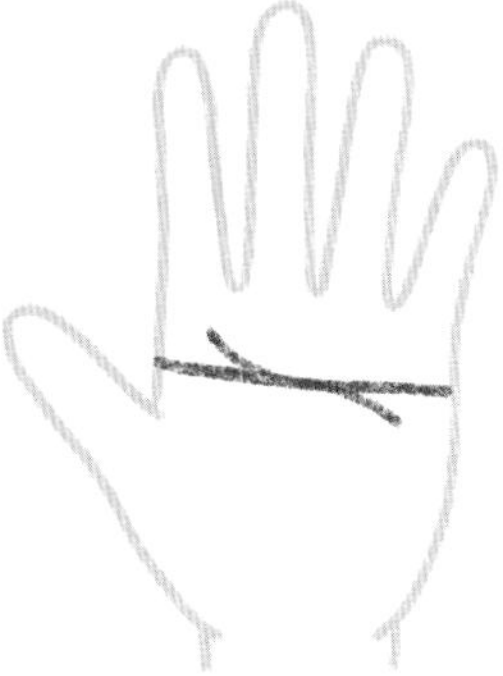

まっすぐなマスカケ線に加え、感情線と知能線も描かれているので、メンタル面も思考力も倍の強さになります。

芯の強さと柔軟性をあわせ持ち、器の広さを感じさせる人柄です。枝分かれした知能線が長く伸びているほど、クリエイティブな力がより発揮できます。どんな時でもマイペースに過ごせる人であり、愛情も深く、その場にいるだけで目立つ存在感がある人です。

変形2
現実世界を賢く生きる航海士タイプ

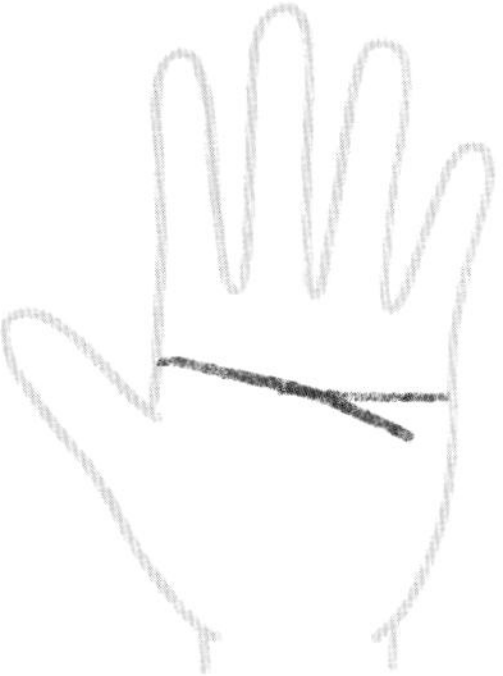

頭が切れる現実主義者でありながら、ロマンティックな世界観を持つ人柄です。

まっすぐな感情線の持ち主のため一見クールに見えますが、的確に状況を読み、周囲の環境に合わせて目標を達成させる設計図を描ける航海士のような視野の広さと、柔軟に対応できる賢さが特徴です。一方で、自分が決めた目標に対し自信があるので、思い込みが強い一面もあります。分析能力の高さで的確なアドバイスができるため、関わる人の信頼を得ることができる、頼りがいのある人です。

変形3
溢れる情熱で夢を与える主人公タイプ

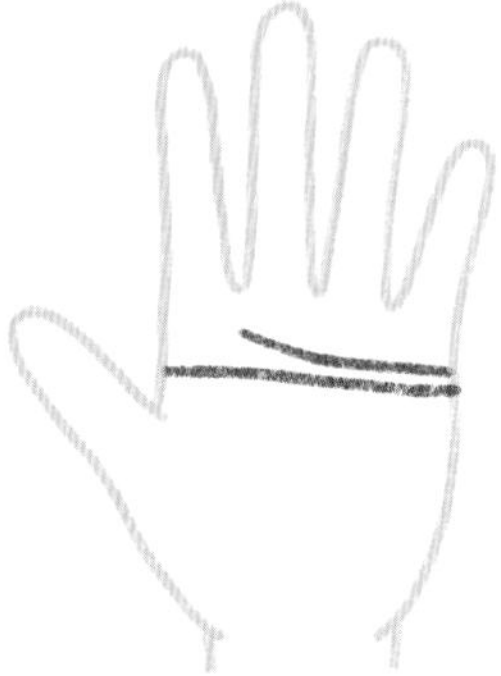

関わる人に対しての愛情が深く、夢の実現に向けてエネルギッシュなパワーに満ちた人柄です。マスカケ線の上にさらに感情線が描かれていることから、二重感情線の意味を持ち、現状よりも心に従いたい気持ちが強く、情熱が溢れすぎて感情に流されることもあるでしょう。

逆境に打ち勝つ強いメンタルの持ち主なので、周囲から注目を浴びることも多いはず。夢の現実化に向けたパワーが魅力的で、関わる人の心を虜にする人です。

変形4
何だかんだで頼れる縁の下の力持ちタイプ

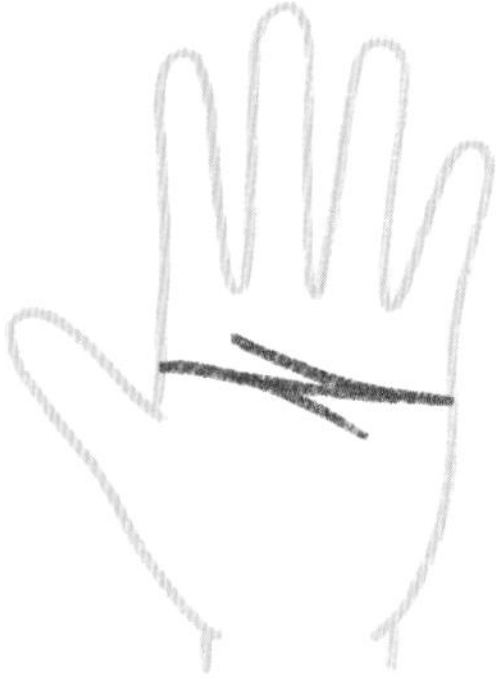

枝分かれした感情線が知能線とつながった、変形マスカケ線です。スタンダードなマスカケ線の持ち主とはまた一味違う魅力があり、面倒見の良さと正義感の強さが特徴です。柔軟な感性とねばり強い根性があり、何に対しても許容範囲が広い人柄です。懐が深い人間性には惹かれる人が多く、いざという時に頼れる信頼性と物事の流れを円滑に進める社交術によって、活動の発展には欠かせない重要なキーパーソンとなる人です。

Check!

復習してみよう！

□ 基本線は、木でいう幹の部分。あなたの才能を示す場所。

□ 生命線は、生命力、気質、意志の力、人生の流れを表す線。

□ 感情線は、心のあり方や強さ、人間関係の築き方を表す線。

□ 知能線は、考え方や行動パターン、思考力を表す線。

□ 運命線は、人生の主体性や切り開き方を表す線。ない人、薄い人も多い。

□ 感情線と知能線がつながると、マスカケ線となる。

column 4

才能は特別なものじゃない！

きっと誰もが、「自分の才能を活かして生きていきたい」と、心のどこかで思っているものではないでしょうか？

しかし鑑定を通して多くの方を見ていると、自分の才能を「自覚」することが、意外と難しいものであると感じます。それはもしかしたら、「才能」という言葉の持つ特別感のあるイメージに惑わされているからかもしれません。

「才能」とは、あなたらしさそのものです。自分にとっては当たり前のことで、特別に能力があるとは思っていないことでも、関わる人からいつも褒められている、というようなところに隠されていることがほとんどなのです。

才能は特に努力をしていなくても自然と身についているものなので、本人にとっては「特別なもの」感がないものです。でも、その能力を仕事に活かすことで、多くの人に希望を与えられると私は思っています。

「好きなこと」はその時々によって変わる可能性がありますが、才能は宇宙・過去の自分からのギフトでもあるので、それを見つけて活かしていくことで、仕事運、金運もめきめきとパワーアップします。

まずは手の形や丘の状態から、自分がどんな人間なのかを客観的に知り、その上で基本線に描かれているあなたの才能を知ることが大切です。

特に、才能を活かして仕事に楽しく取り組みたいとか、楽しみながらお金も成果としてついてくるような、自分らしい働き方をしていきたいと思っている方は、運命線・太陽線・財運線の３つの線の状態を見て、自分に合った働き方を探っていきましょう。

才能がない人なんていません。手相から読み取れる自分の「才能」を素直に受け止めて、ぜひ活かしてみてくださいね。

column7「運命線・太陽線・財運線で見る、仕事とお金の関係」（p.130）、「カルテ 2」（p.152）も参考に！

Step
3

自分の能力を知る

補助線

Step 3

補助線

～今のあなたの能力が表れる線～

補助線とは、手のひらに現れる基本線以外の様々な線のこと。その人の「**特に優れた能力**」が描かれているものです。左手は、「持って生まれた」特に優れた能力、右手は「後天的に努力して得た」能力を表現しているといえるでしょう。補助線を見ることで**今すぐ活用できる能力を知ることができる**ので、補助線は、仕事を選ぶときや大きな選択をするときに、後押しとなってくれる線といえます。

丘が能力のエネルギータンクだとしたら、線は**そのエネルギーをどう使っているのか**を表しています。丘の上に**縦線**が描かれているときは、その線がパイプ役を果たし、十分にその丘の能力が発揮されている、またはその能力を向上させる力が働いていると読みます。**横線**が描かれているときは、何かが障害となってその丘の能力が十分に出せていないか、その能力をつなぎ止めていると読みます。

補助線は普通、**基本線よりも薄いもの**なので、パッと見てその線の存在が確かめられれば、「濃い」と判断してもらってかまいません。

また、手相の世界には、ここに紹介した補助線以外にもすごくたくさんの補助線があります。線の現れる丘の意味と合わせて覚えることでより理解が深まります。丘の意味と照らし合わせながら、この本に載っていない線の意味を考えたり、他の本で紹介されている補助線を調べたりして、理解を深めましょう。

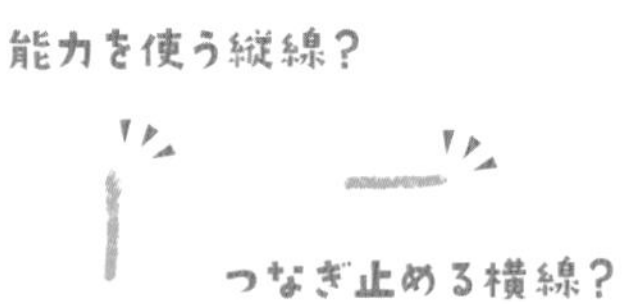

代表的な補助線いろいろ

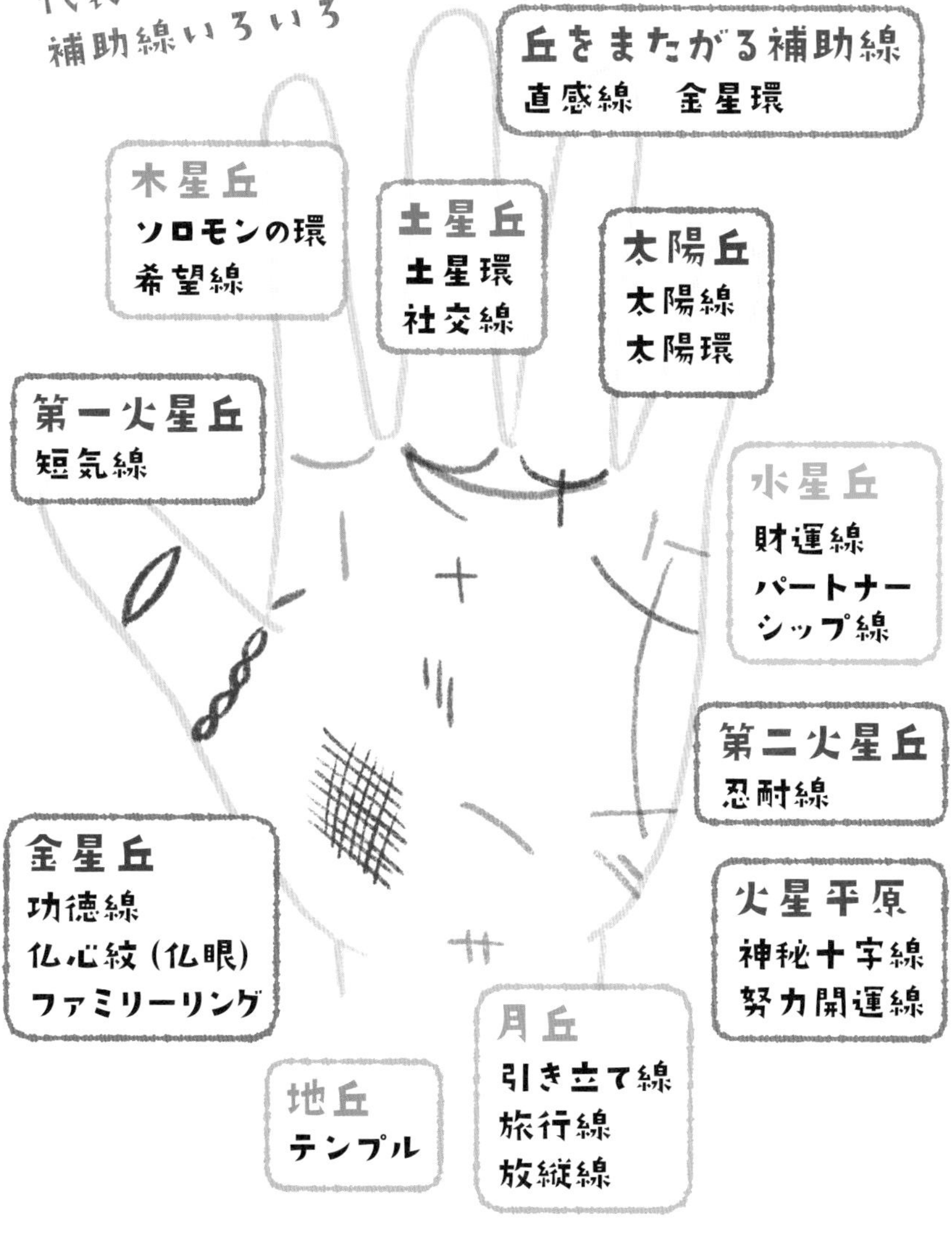
丘をまたがる補助線
直感線　金星環
木星丘
ソロモンの環
希望線
土星丘
土星環
社交線
太陽丘
太陽線
太陽環
第一火星丘
短気線
水星丘
財運線
パートナーシップ線
第二火星丘
忍耐線
金星丘
功徳線
仏心紋（仏眼）
ファミリーリング
火星平原
神秘十字線
努力開運線
月丘
引き立て線
旅行線
放縦線
地丘
テンプル

木星丘に出る補助線
—ソロモンの環・希望線—

ソロモンの環

ソロモンの環とは、人差し指の付け根を囲む半円状の線のことです。木星丘の「導く力」「シェアする力」「向上心」の影響を受けることから、より良い方向へ進むための知識や知恵をシェアする力がある人に現れる線です。楽観的な性格で、自分自身や関わる人の良いところに目を向けられます。命ある全ての者が幸せに生きるためにはどうしたらいいのかを考えることができる人で、奪い合うのではなく調和する考えを持ち、実践する人に現れる線です。

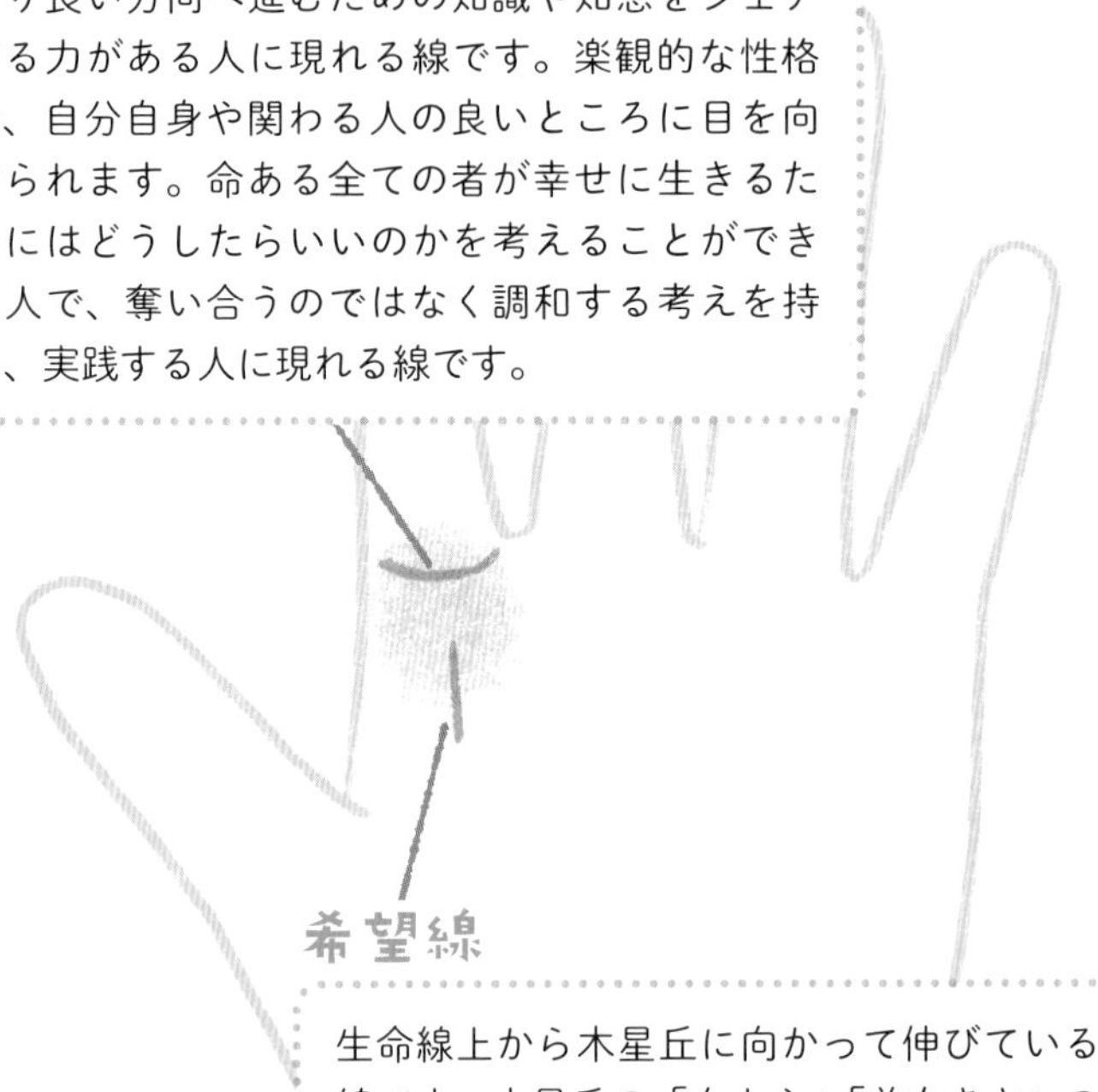

希望線

生命線上から木星丘に向かって伸びている線です。木星丘の「向上心」「前向きさ」の影響を受けることから「夢を叶える線」とも呼ばれています。叶えたい目標に対し挑戦することに喜びを感じ、できることから一歩ずつ行動していく人に現れる線です。希望線が出ている場合には物事が拡大していく前兆のサインのため、具体的な目標を持ち、行動することで開運につながります。

土星丘に出る補助線

―土星環・社交線―

土星環

土星環とは中指の付け根を囲むように弧を描く線のことです。土星の持つ「忍耐強さ」「コツコツがんばる力」の影響を受けることから、独自の世界観を持ち研究熱心で、何かに集中して取り組む力の優れた人に現れる線です。手先の器用さや個性を活かして活動する人に多く見られます。ひとりで何事も抱え込みやすく、自分の殻に引きこもりやすい傾向があります。

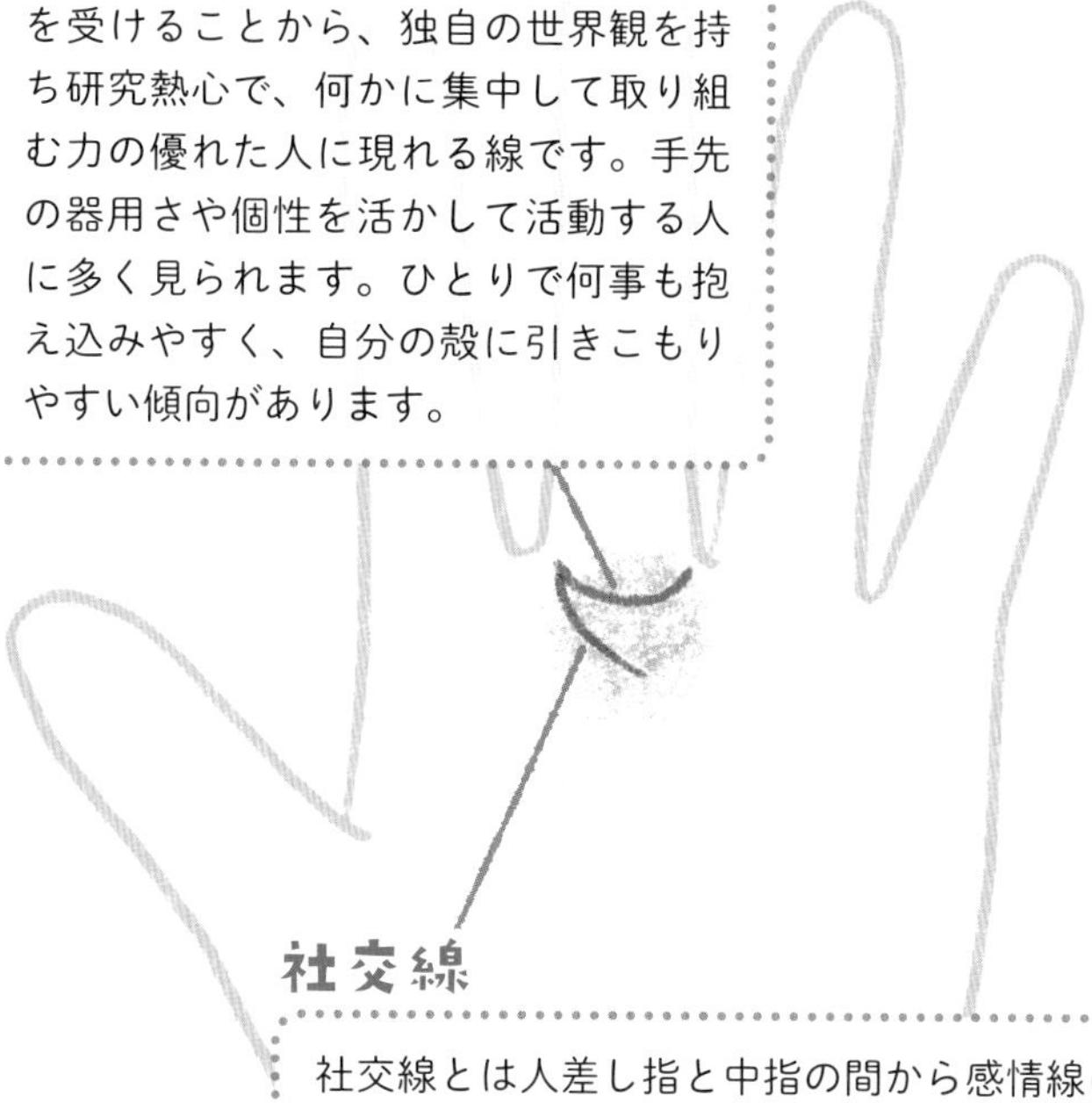

社交線

社交線とは人差し指と中指の間から感情線に沿うように伸びている半円状の線のことです。土星の持つ「適応力」の影響を受けることから、チームワークで動くことが得意で協調性や人をまとめる力があります。特に線がくっきりしている場合には、空気を読む力に長けているので、その場で求められている行動を率先して取り組んでいけます。組織の中で活躍する人に多く見られる線です。

太陽丘に出る補助線

—太陽線・太陽環—

太陽環

太陽環とは、薬指の下を囲むように弧を描く線で、非常に珍しい相です。太陽丘の持つ「自己表現力」「人気」「リーダー」といった能力の影響を受けることから、独自のセンスを活かして人気運、成功運をつかむ強運の持ち主です。華やかな魅力で人を惹きつけ、堂々とした風格で社会の中で活躍し、地位や名誉を得ていきます。どんな人にも平等に明るく接することから誰からも慕われる人で、周囲からの引き立てを受ける人に多く見られる線です。

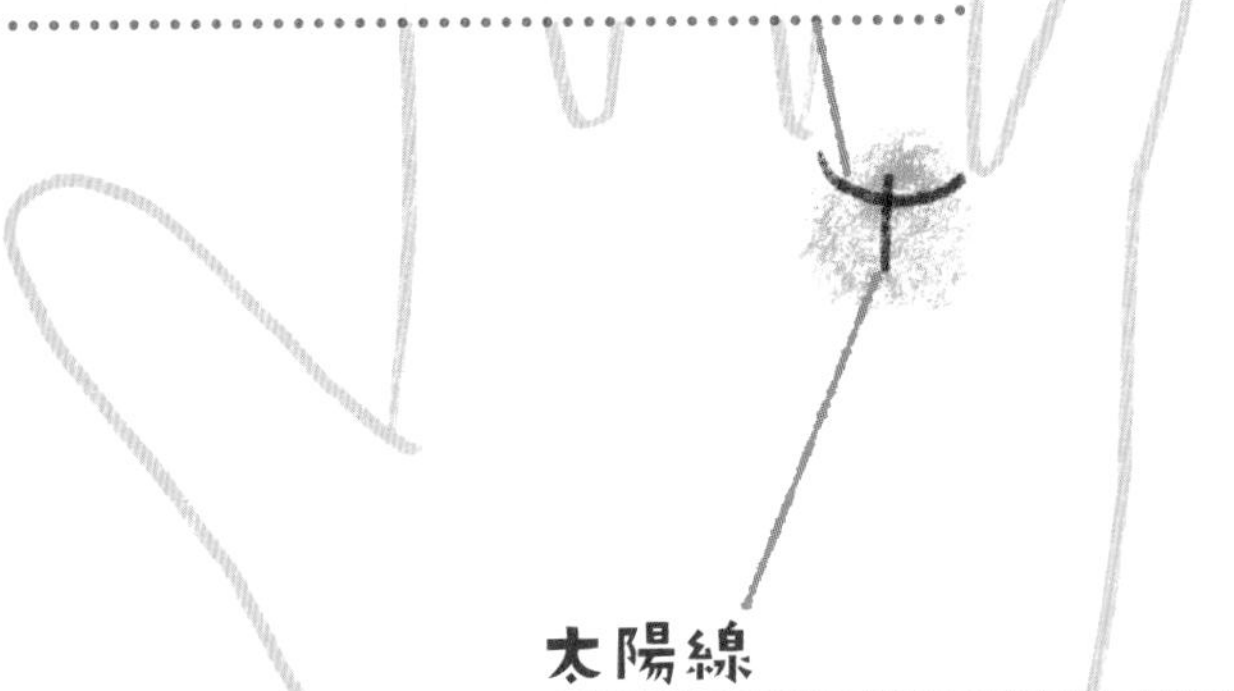

太陽線

太陽線とは、太陽丘に向かって伸びる縦線のことです。太陽丘の持つ「自己表現力」「自分を信じる力」と縦線の持つ「向上する力」の影響を受け、濃さや本数などの線の状態から、自分を信じる力、仕事運、成功運などがわかります。

太陽線をさらに詳しく ➡ p.90

水星丘に出る補助線

—財運線・パートナーシップ線—

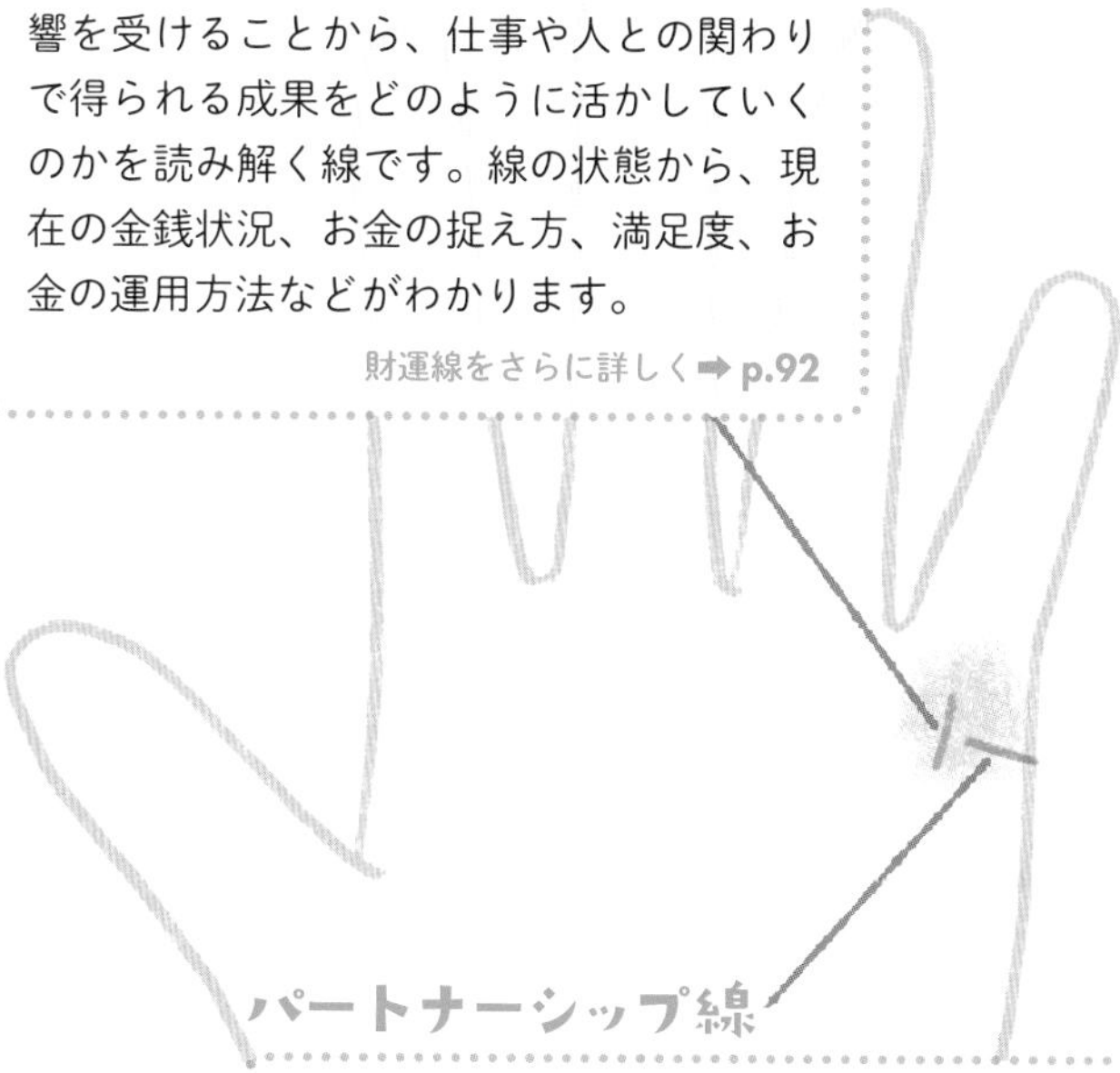

財運線

財運線とは、水星丘に向かって伸びる縦線のことです。水星の持つ「交渉力」「つなぐ力」と、縦線が持つ「向上する力」の影響を受けることから、仕事や人との関わりで得られる成果をどのように活かしていくのかを読み解く線です。線の状態から、現在の金銭状況、お金の捉え方、満足度、お金の運用方法などがわかります。

財運線をさらに詳しく➡ p.92

パートナーシップ線

パートナーシップ線とは、小指の付け根と感情線の間から横に伸びる線のことです。水星の持つ「交渉力」「つなぐ力」の影響を受けることから、他者との結びつきを読み解く線です。異性関係や結婚に限らず他者との関係線を示す線です。線の濃さ、本数、長さ、線の向きによって対人関係の主体性、築き方、捉え方がわかります。

パートナーシップ線をさらに詳しく➡ p.94

火星丘に出る補助線

第一火星丘 ―短気線―・第二火星丘 ―忍耐線―

短気線

短気線とは、第一火星丘に現れる斜めに伸びる線のことです。第一火星丘の「内観力」の影響を受けることから、日頃から自分自身を見つめることが得意で、目標を決めたらまっすぐに突き進むことができるパワーの持ち主です。結果を出すまでの行動力がかなりある人といえます。火星の影響を受けることから「挑戦」することにやりがいを感じる一方で、心身のバランスが上手に取れていないと結果を求めるあまりに焦って失敗をしてしまうことも多々あるかもしれません。しかし失敗から物事の本質を学ぶことができる人に多く現れる線です。

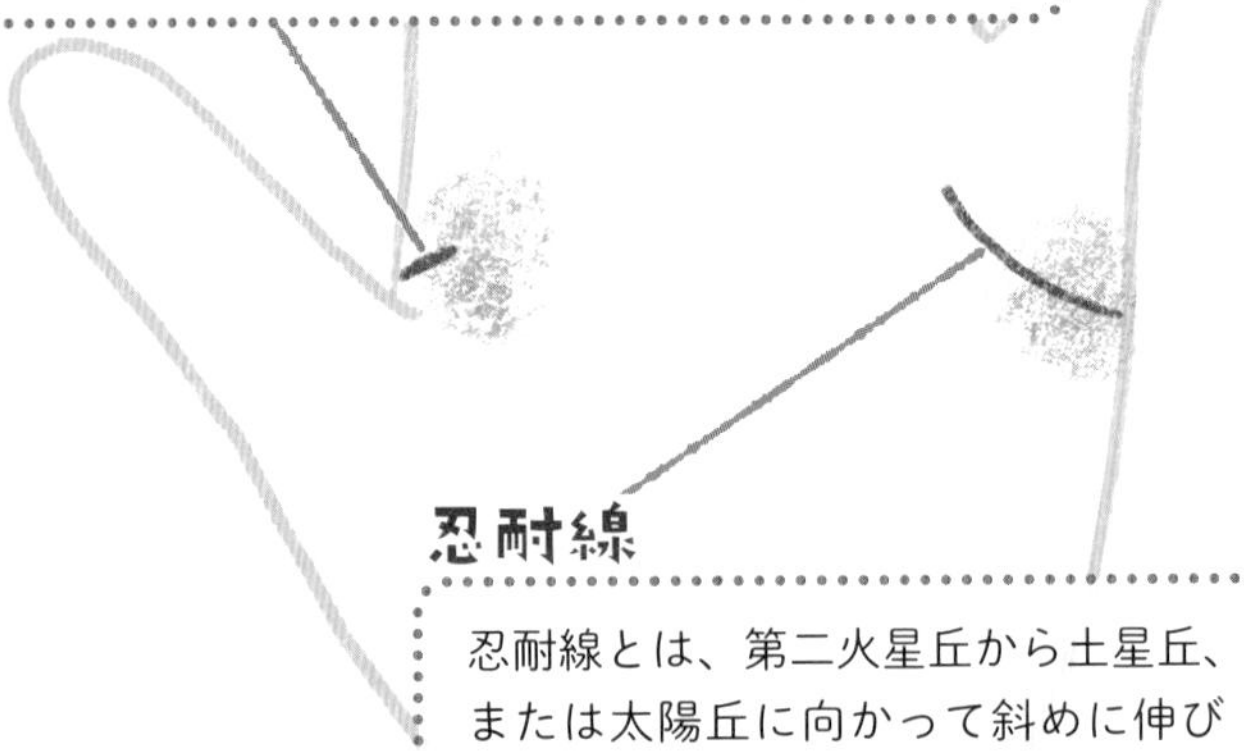

忍耐線

忍耐線とは、第二火星丘から土星丘、または太陽丘に向かって斜めに伸びる線のことです。第二火星丘の「観察力」の影響を受けることから、我慢強く世間の流れや他者の動きをよく観察し目的達成のために困難に負けることなく、努力を続けることができる人に多く現れる線です。

火星平原

―神秘十字線・努力開運線―

神秘十字線

神秘十字線とは、知能線と感情線の間に出る十字の形をした線のことです。火星平原の持つ「情熱」「行動力」の影響を受けることから、勘が鋭く、虫の知らせのような第六感が働く人に現れる線と言われています。また、神秘十字線という名前の通り、神秘的なものに惹かれる人、信仰心のある人にも現れます。思考を表す知能線と感情を表す感情線の間に現れることから、理性と感情のバランスが取れる人であり、人と人、人とものをつなぐなどの役割を与えられています。意識の変化の前兆のサインでもあるので、どんな変化も見逃さず自分の成長を楽しんでいける人に現れる線です。

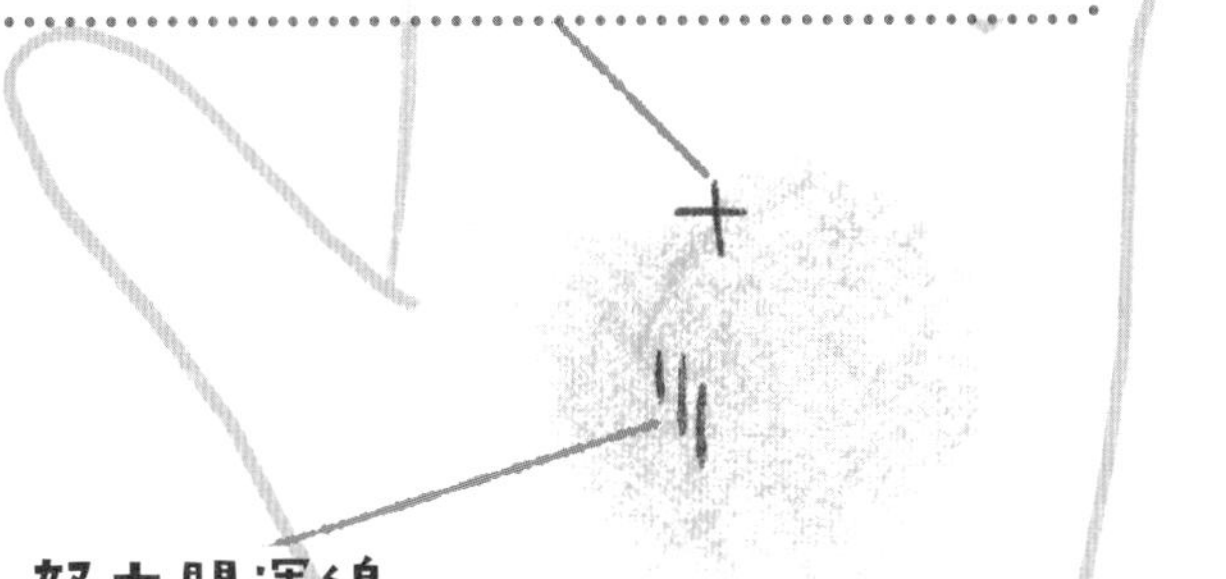

努力開運線

努力開運線とは、生命線上から土星丘に向かって伸びる線のことです。常に現状に満足せず次なる発展を目指して努力し続ける人に描かれる線です。目的意識が高く、常にモチベーション高く実践を重ねていく人に多く現れる線です。

金星丘に出る補助線

—功徳線・仏心紋（仏眼）・ファミリーリング—

仏心紋（仏眼）

仏心紋（仏眼）とは、親指の第一関節に目のような形で現れるサインです。金星丘の「創造力」「直感力」の影響を受けることから、このサインを持つ人は、素晴らしい集中力と夢や目標を達成させようとする強い念力の持ち主と言われています。

ファミリーリング

ファミリーリングとは、親指の付け根の関節部分に現れる、輪をつなげたような形の線のことです。金星丘の「創造力」「表現力」の影響を受けることから、家族に恵まれ、愛情を与える、表現することに長けている人に多く現れる線です。輪の数が多ければ多いほど、愛情深くお世話をしたり、困っている人を助けることに喜びを感じる人です。輪の数が一つでもあれば感謝を持って人間関係を大切に築ける人であり、素晴らしいご縁の輪が自然と広がっていくことになります。

功徳線

功徳線とは、金星丘に描かれる縦横に交差する格子状の線のことです。金星丘の「創造力」「直感力」の影響を受けることから生命エネルギーが強く、愛情深く包容力があり喜びを表現するのが得意な人に現れる線です。人を惹きつける魅力に溢れ、男女問わず人気があります。金星の力が強いために創造力に恵まれ、オリジナリティ溢れる作品を生み出したり、お世話好きな人にも描かれる線です。

月丘に出る補助線

―引き立て線・旅行線・放縦線―

旅行線

旅行線とは、生命線の線上から出発して月丘へ向かって伸びる斜めの線のことです。月丘の「変化する」性質の影響を受けることから、変化を求める旅好きで、旅行することで開運する人です。変化が訪れる前兆のサインでもあります。何かしらのチャレンジをしたり、自分がいる環境や立場が変わる可能性もあるので、心身を柔軟に健康に保ち、変化の波に乗れるように準備しておきましょう。

放縦線

放縦線とは、月丘を横断して伸びる横線のことです。月丘の「共感力」「想像力」の影響を受けることから、自分のことよりも他者のために尽くしたり与えすぎてしまうことが原因で、過労や不摂生など生活のリズム、心のバランスが崩れている人に現れる線です。生命線に届くか生命線を横切るほどに伸びている場合は大変な過労と捉えますので、しっかり休養を取り自分に優しくしてあげましょう。

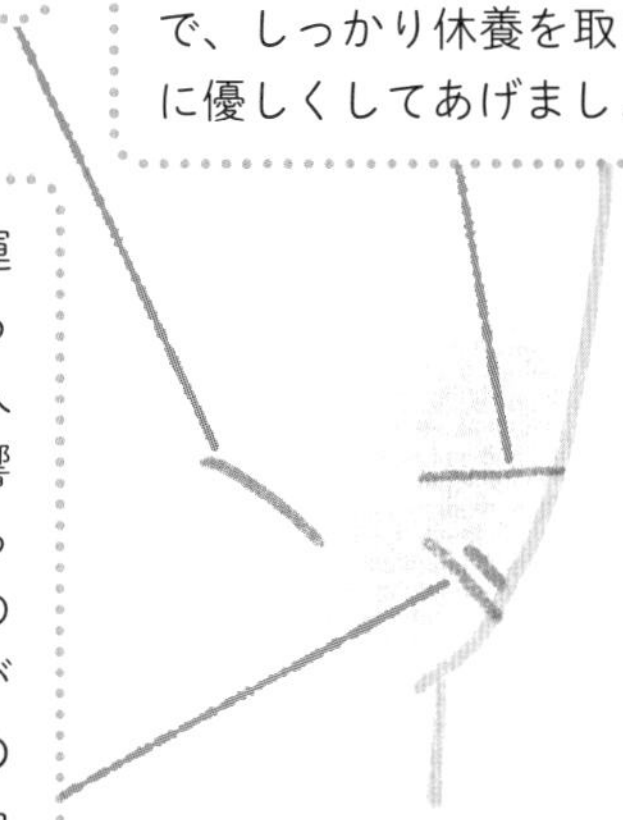

引き立て線

引き立て線とは、月丘から運命線に向かって斜めに伸びる線のことです。月丘の持つ「人間関係全般」「社会性」の影響を受けることから、世間からの評価を得たり、他者からの応援によって活躍の場が広がる人に多く現れる線で、この線を持つ人は想像力や共感力に優れている人です。素晴らしい出会いのチャンス、ご縁をつかめる強運の持ち主です。

地丘に出る補助線

—テンプル—

テンプル

テンプルとは、地丘に２本の縦線があり、その２本を結ぶ斜めの線が表すサインのことです。地丘の持つ「あの世」「信仰心」の影響を受けることから、ご先祖様に守られている運の強い人です。生きていく中でどんな壁が立ちはだかっても冷静にその場の状況を見極め、課題を乗り越えていくことができる人です。「洞察力」を表すことからも霊感が強い人にも現れることがあり、精神的な強さを備えた人にも多く現れる線です。

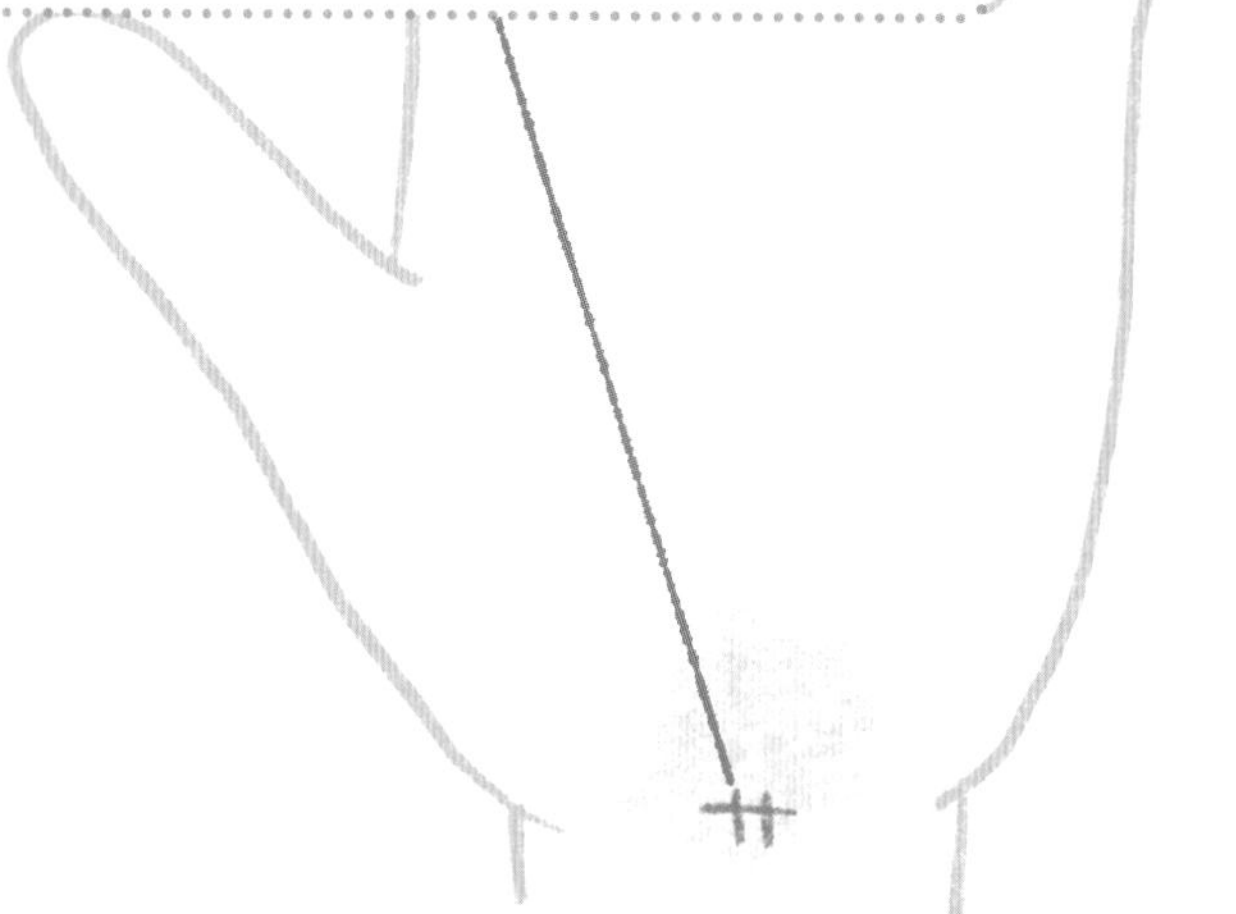

丘をまたがる補助線

—直感線・金星環—

直感線

直感線とは、月丘と水星丘を結ぶ弧を描く線のことです。しっかり弧を描く綺麗な直感線が描かれているときは「感じる」力が強まっているとき。月丘の持つ「想像力」「共感力」、水星の持つ「コミュニケーション能力」「交渉力」の影響を受けることから、物事の本質を見抜き、時代の変化や他者が求めていることを的確に読み取ることができる人に現れる線です。求めているもの同士を上手につなぎ合わせ、仕事をスムーズに運ぶことができる人なのでビジネスの世界で活躍する人に現れます。そのほかにも人の心、物事の背景にある出来事を敏感に感じ取れる人に現れることが多いので、人の心に寄り添い、励まし、後押しできる才能に恵まれた人ともいえるでしょう。

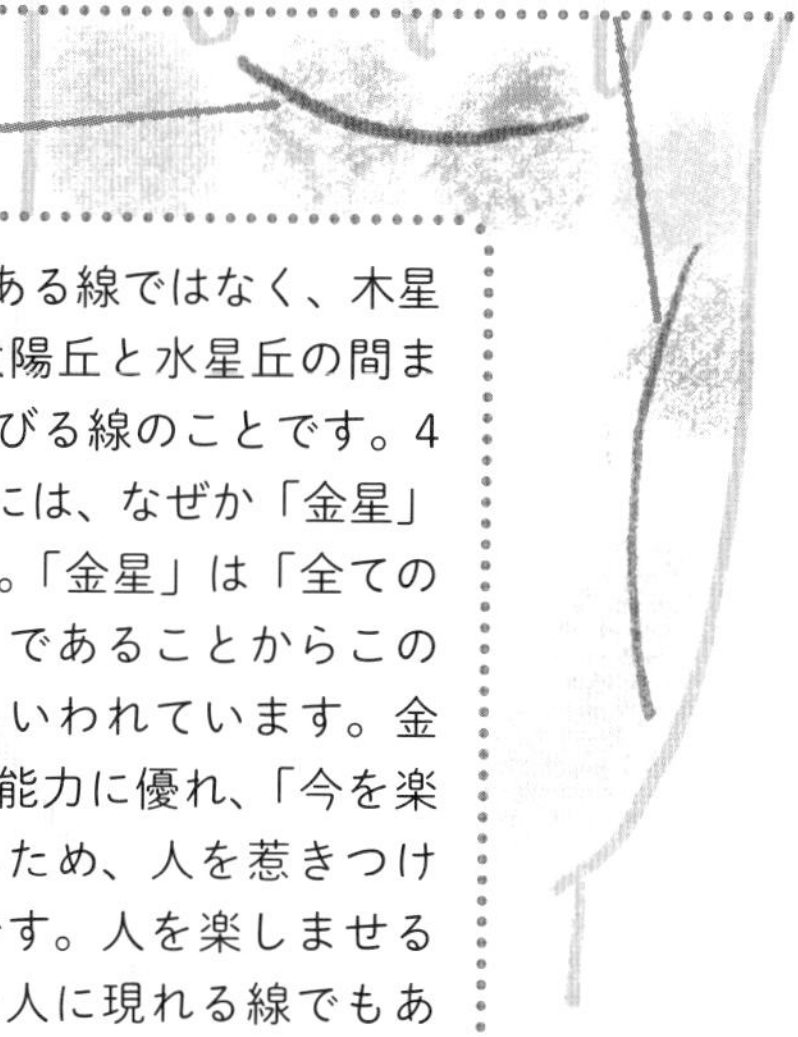

金星環

金星環とは、金星丘にある線ではなく、木星丘と土星丘の間から太陽丘と水星丘の間までを弧を描くように伸びる線のことです。4つの丘をまたぐこの線には、なぜか「金星」の名前が付いています。「金星」は「全ての能力を調和させる星」であることからこの名前が付けられたともいわれています。金星環を持つ人は五感の能力に優れ、「今を楽しむ」力に長けているため、人を惹きつける笑顔が印象的な人です。人を楽しませるサービス精神に溢れた人に現れる線でもあり、感受性が豊かで独自の美的センスを活かしたり、時代の気風を読み取り仕事で成功をつかむ人にも現れます。

太陽線

～自分を信じる力、仕事運を表す線～

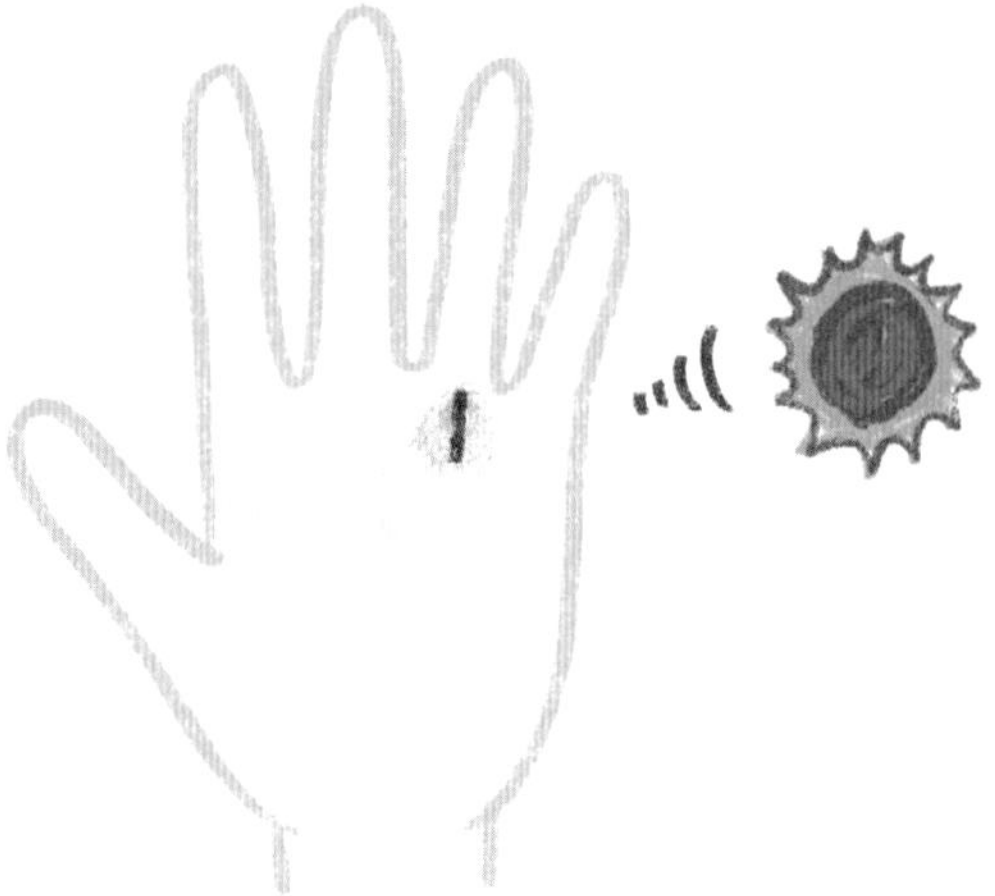

太陽線は、太陽丘に向かって伸びる縦線のことです。線の濃さ、本数、出発点の位置によって自分を信じる力の強さ、成功のあり方やどのように才能を活かせば人気を得ていくのかを読み解く線です。

太陽線は現れている人もいれば現れていない人もいます。太陽線が現れていないからといって悲しい気持ちになる必要はありません。太陽線は後から現れることが多い線のため、薄くてもその線の存在が確かめられれば、自信を持ってやりたいことを表現していきましょう。

左のチャート図の中で、自分に当てはまる傾向だけでなく、当てはまらない傾向も読んで現状と照らし合わせてみると、より社会の中での自分らしい立ち位置や働き方が見えてくるでしょう（p.128リーディング例参照）。自分らしい働き方や仕事運をもっと詳しく知りたいときは、運命線や財運線と合わせて読み解いていきます。（p.130コラム7参照）

自分の太陽線を見てみよう！

➡カルテ（p.153）に自分の線の特徴を書き込もう！

線の濃さ　自信の有無

線の濃さ		
濃い	強い	明るくエネルギッシュ、 決断力がある、人を惹きつける魅力の持ち主
薄い	弱い	控えめで慎重、サポートが得意、協調性がある

本数　物事への取り組み方

本数		
1本もしくは2本	一つに集中	一つの仕事（物事）にじっくり取り組む、長く続けることで成功をつかむタイプ
3本以上	マルチに取り組む	マルチな才能を活かし、複数の物事に同時に取り組むことで成功をつかむタイプ
目立たない	模索中	まだ定まっていない、何に取り組もうか模索中

出発点の位置　成功への道

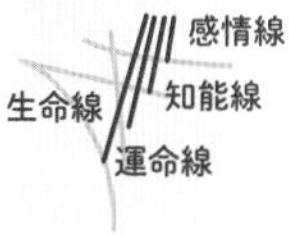

出発点の位置		
感情線	チームワーク	チームワークによって成功する
知能線	アイデア	独自のアイデアと分析力を活かして時代のニーズをキャッチして成功する
生命線	やりたいこと	自分のやりたいことに投資し形にすることによって成功する
運命線	今やるべきこと	現在ついている仕事によって成功する

財運線

～財運、運用力を表す線～

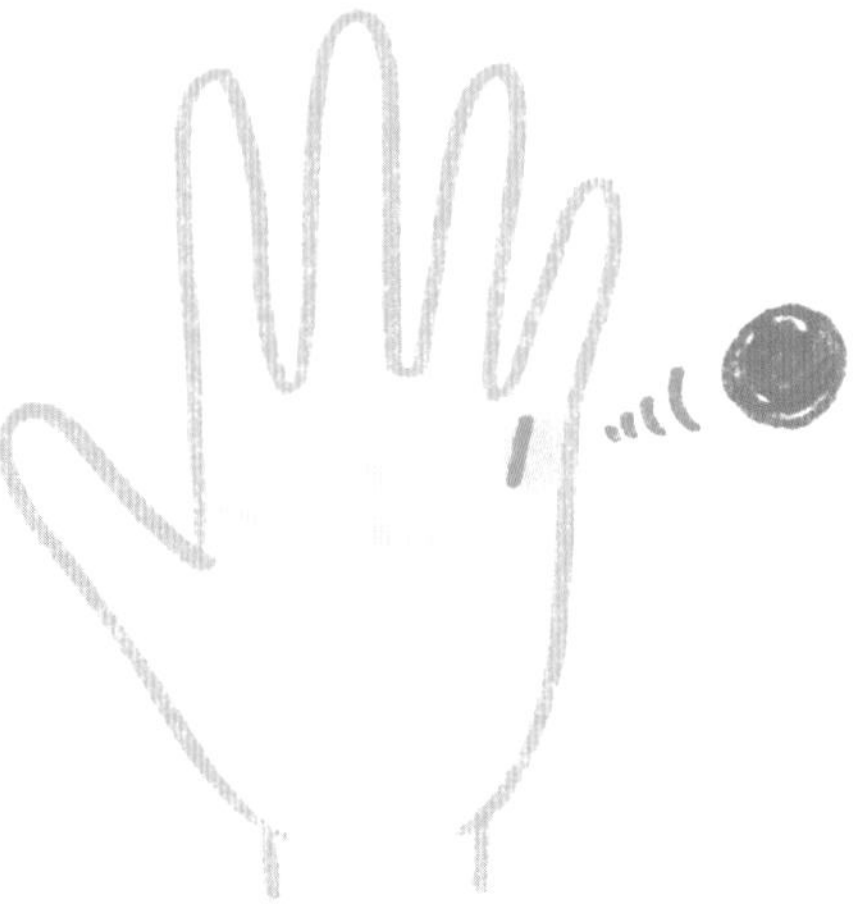

財運線とは、水星丘に向かって伸びる縦線のことです。水星は様々なものをつなぎ活用させる能力を持つ星なので、お金だけに限らず、知識、情報、言葉といった、仕事や人との関わりで得た自分の財産といえるものをどのように活かしていくのかを読み取れる線です。財運線の濃さ、本数、出発点の位置によって、それらの満足度、捉え方、運用方法などを探ることができます。左手では元々のタイプ、右手では現状を知ることができます。

財運線が１本くっきりと描かれている人は、経済観念がしっかりしている、または、その人にとって興味のある知識・情報をじっくり深くまで探求していくことができる人。複数描かれている人は、広く浅くいろいろな知識情報を楽しんで習得していける人でしょう。切れ切れだったり目立たない場合は、自分の興味の対象が定まっていないため、どれを選択したらいいのかわからない時かもしれません。

自分の財運線を見てみよう！

➡カルテ（p.152）に自分の線の特徴を書き込もう！

左手と右手も見比べてみよう

線の濃さ　お金の満足度

線の濃さ		左手	右手
濃い	高い	お金の満足度が高いタイプ	金運が上昇し、多くの人脈、財を築く時
薄い	低い	お金の満足度が低いタイプ	安定した収入を得て蓄財する時

本数　お金の捉え方

本数		左手	右手
1本もしくは2本	堅実型	しっかりとした経済観念で稼ぐ力がある	しっかりとした経済観念で稼ぐ力がある時
3本以上	浪費型	あればあるだけ使う	あればあるだけ使ってしまう時
目立たない	無関心	お金そのものへの関心が薄い	お金への関心が薄い無関心な時

出発点の位置　お金の運用方法

出発点の位置		左手	右手
感情線	ときめき	ときめくものにお金を使うタイプ	よく稼ぎよく貯められる時
知能線	アイデア	アイデアや体験にお金を使うタイプ	お金を稼ぐ、増やすためのアイデアがたくさん出てくる時
生命線	未来	未来に投資するタイプ	やりたいことにお金を投資できる時
運命線	今必要なもの	今必要なものにお金を使うタイプ	稼ぐ力、保持する力、使う力、投資する力のバランスが良い時

チャート図にある「お金」を、「知識」や「情報」、「言葉」などに言い換えて、自分の価値観を探ってみよう！

補助線をさらに詳しく見る

パートナーシップ線

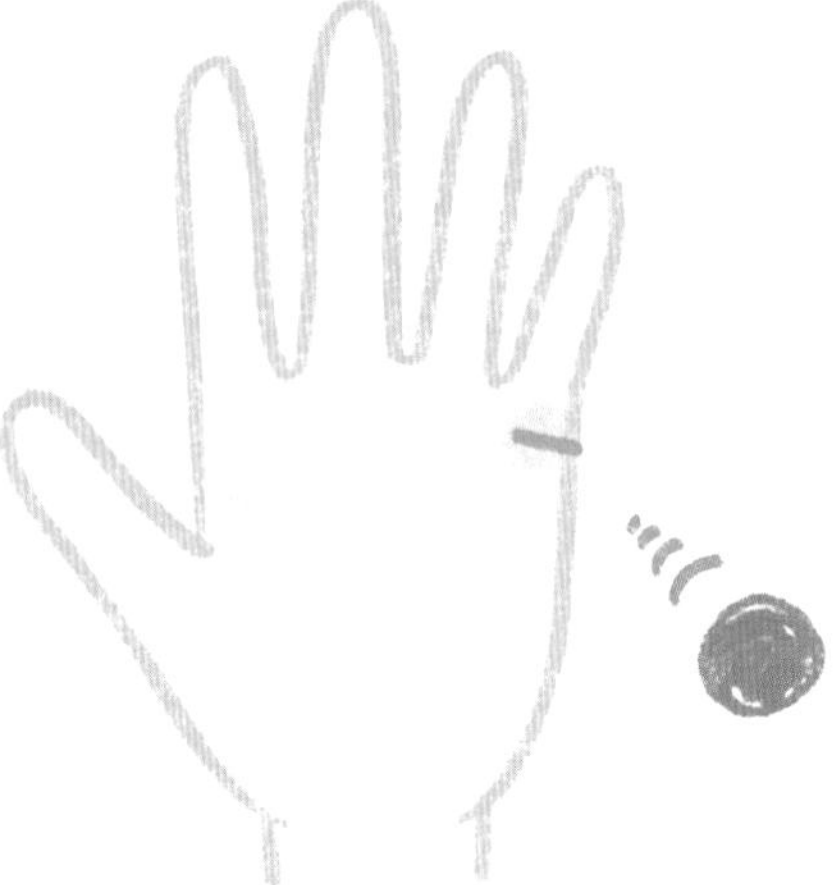

～他者との結びつきを表す線～

パートナーシップ線とは、水星丘を横切るように伸びる線のことです。この線は一般的に「結婚線」という名前が定着していますが、結婚や恋愛だけではなく、性別関係なく他者との結びつきを読む線であることから、この本では「パートナーシップ線」と呼んでいます。

水星の持つ「交渉力」「つなぐ力」の影響を受ける横線であることから、他者との結びつきを読み解く線です。線の濃さ・本数・長さ・線の向きによって、対人関係の主体性や築き方、心を開くスピード感、捉え方などがわかります。

この線は、人生の中で出会う人々と、どう向き合っていくのかを教えてくれる線といえます。自分に合った人との付き合い方をしっかり理解し、対人関係を今よりももっと自分らしく楽しめるように、パートナーシップ線の理解を深めていきましょう。

自分のパートナーシップ線を見てみよう！

➡カルテ（p.152）に自分の線の特徴を書き込もう！

線の濃さ　対人関係の主体性

線の濃さ		
濃い	主体的	社交的でコミュニケーションも主体的
薄い	受身的	人見知りやシャイな人が多く、受け身

本数　対人関係の築き方

本数		
1本もしくは2本	狭く深く	一対一、もしくは少人数で深くじっくり信頼を築く
3本以上	広く浅く	広く浅い関係性づくりが得意で出会いのチャンスに恵まれる
目立たない	興味が薄い	人に対して苦手意識があるか、他者のことにあまり興味がない

長さ　人に心を開くスピード

小指の真ん中が標準的な長さ

長い＞　＜短い

長さ		
長い	遅い	じっくり時間をかける
短い	早い	すぐに人に心を開くことができる

線の向き　対人関係の捉え方

線の向き		
上向き	自立的	自立心が強いため、さっぱりとした付き合いを求める
平行	流動的	バランス感覚に優れているため、どんな人とも付き合える
下向き	臆病	臆病で傷つきやすいところがあるため小さなことで悩む

column 5

親指は、自由独立の指？

手相はいろんな文化と混ざり合いながら世界中で研究されてきた学問のため、様々な手法や説があります。指については、この本ではわかりやすく「５本の指はそれぞれの丘に宿る星のエネルギーを集めるアンテナである」と紹介していますが、実は親指だけは、「金星丘のアンテナ」説と「どの星の影響も受けない、自由独立を意味する指」説の２説があります。

金星丘のアンテナとしての親指は、「愛情」と深く関わっています。「いいね！」と相手にオッケーサインを出す時、エールを送る時に立てて使う親指は、金星が示す「喜びを感じ、表現する力」を表しています。親指の付け根にあるファミリーリング、関節にある仏心紋からは、愛情の土台となっている家族やご先祖様とのつながりの深さが感じられます。

一方で、この親指を「どの惑星の影響も受けない自由独立の指」という説から見てみると、確かに親指は手のひらや他の指の様子を見守っているような配置をしていて、全ての能力の管理者のようにも見えます。親指の仏心紋は、願望達成のための集中力、念力などの意味も持ちますので、私たちが生きていく上で大切な「自分の人生を自分で決めて、自分の力で生きていこうとする力」は、親指の自由独立の意志と深くつながっているとも感じます。

どちらの説も素敵ですが、実は私は、個人的には「自由独立の指」という意味の方にロマンを感じています。神様にお祈りをする時や感謝が心の底から湧いてくる時、手と手を合わせて胸や眉間に親指を当てたくなるのは、親指が私たちの体と心、神様（宇宙）を直接つなぐ参道のような役割をしてくれていると感じるからです。

占いは当てるものではなく活用するもの。いろんな説がある中でどの説が一番しっくりくるのか、ご自身でゆっくり考えて、ぜひあなたが一番愛おしく感じるストーリーを信じてみてくださいね。

Step

4

運気や兆しを知る

紋

Step 4

紋

～今のあなたへのメッセージ～

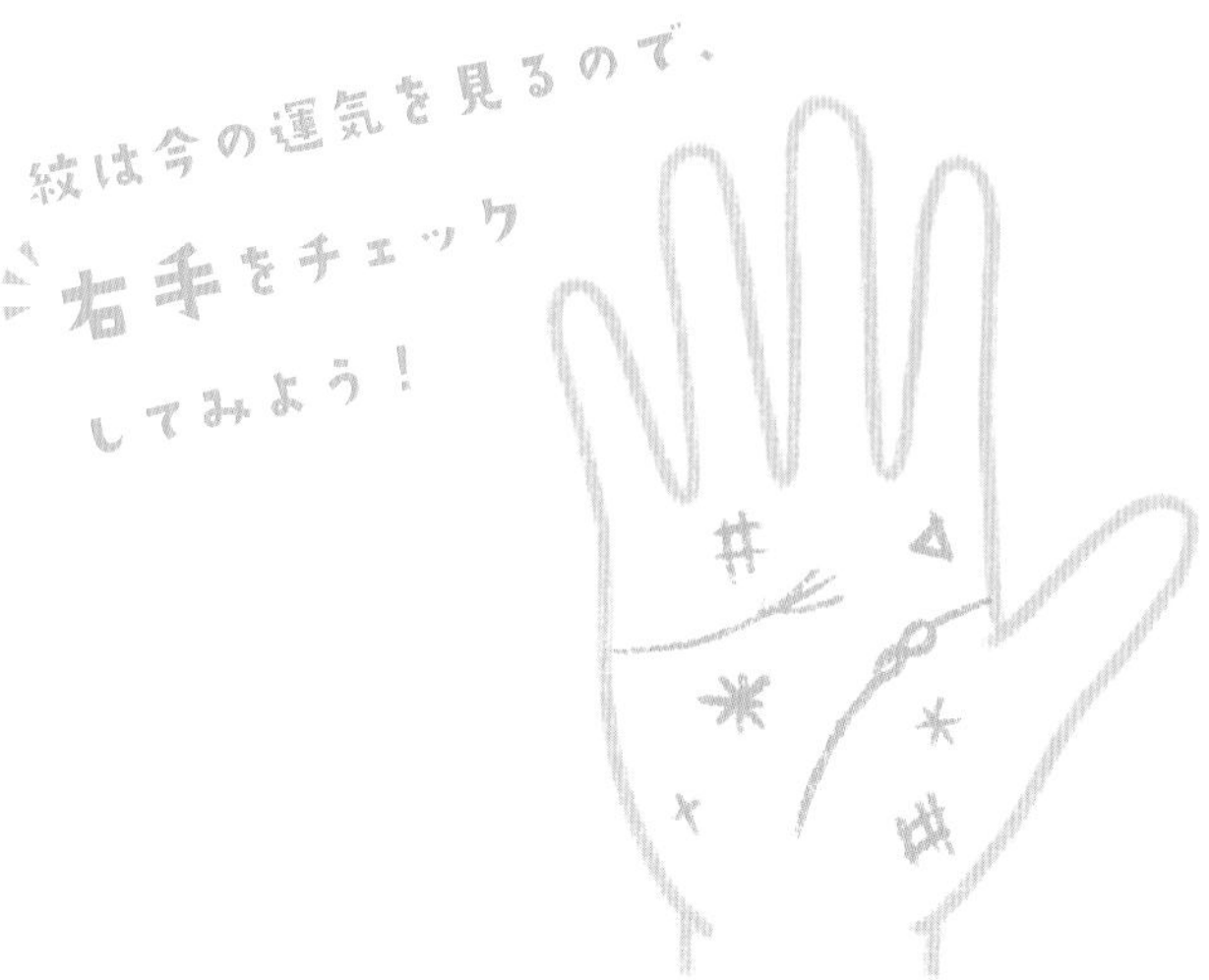
紋は今の運気を見るので、
右手をチェック
してみよう！

紋とは、現在の運気や兆し、またはその時にパワーアップしている能力を読み取るサインです。タロットやおみくじのように、「今のエネルギー」を紋を通して観察していきます。「今」の状態を見るので、**右手をチェック**します。一番大切な「今のあなた」を読み解く上で、とても大切なサインです。（左手にある紋は、本来の性質の強さを表していると捉えましょう。）

　代表的な8つの紋の意味と、出る場所によってどのように解釈したら良いのかを次ページ以降で詳しく解説します。じっくり手のひらを眺めていけば、紋は誰でも簡単に見つけることができるので、手相を初めて学ぶ方にとっては紋を見つける時間はとても楽しい時間となるでしょう。

　手のひらから今のあなたに向けられたメッセージを探していきましょう。

スクエア
（四角紋）

クロス
（十字架）

アイランド
（島）

グリル
（格子紋）

バー
（障害線）

スター
（星紋）

タッセル
（房状線）

トライアングル
（三角紋）

クロス（十字架）【意味】障害とストップ

2本の短い線がクロスしたものです。どの丘、線に現れても一時的に発展がストップされるなどのマイナスの意味を持ちます。（例外的に神秘十字線などポジティブな意味のものがあります。）

この紋が現れた時には立ち止まり、見つめ直すことが大切です。長い目で見れば、さらなる飛躍が望めるチャンスの到来と捉えていきましょう。

基本線の上に出た場合

生命線

当たり前にできていたことが予期せぬ出来事（事故、事件）によってできなくなってしまう可能性があります。体力をつけて観察力、集中力を上げていきましょう。

感情線

親しい人や気になる人と一時的にケンカをしたり、人間関係にトラブルが起きやすい時です。相手に対しての対応を見直す機会にしましょう。

知能線

勉強していることがなかなか頭に入らず成果が出にくい時です。一旦離れて、頭のリフレッシュをしてみましょう。

運命線

情熱を込めて取り組んでいることが主体性の低下によって一時的に中断されてしまう時です。仕事の取り組み方や目指している方向性を見直す機会にしましょう。

丘の上に出た場合

木星丘

謙虚に人の話が聞けなかったり、活動範囲の広がりにストップがかかりやすい時です。人の話に耳を傾けましょう。

土星丘

成果が出ないことに焦りが生まれやすい時です。あきらめずに継続しましょう。

太陽丘

決断力の低下によって人からの評価が得られにくい時です。目線を変えて新しく始めようとしていることがあれば、始めるのはもう少し後にしましょう。

水星丘

交渉ごとがスムーズに行かず人との出会い、お金の流れがストップする時です。今あるものを大切に信頼作りを強化していきましょう。

火星丘

不注意による事故や怪我が起きやすい時です。注意力が散漫になりやすいので、無理なことは断る勇気を持ちましょう。

金星丘

体調不良や金銭的な問題で思うように活動ができない時です。生活習慣や日頃のお金の使い方を見直してみましょう。

月丘

家族や親しい人との間ですれ違いやケンカが起きやすい時です。適切な距離を持ってお付き合いするように意識しましょう。

地丘

目標を見失って、一つのことに集中して物事に取り組めない時です。体を動かして心身の底力を上げていきましょう。

グリル（格子紋）【意味】豊かさ、過剰

複数の縦線と横線が組み合わさり格子状になっているものです。どの場所に出るかによって意味が異なり、丘や線の能力を強めたり、過剰から来る問題発生、不安定さを引き起こす場合もあります。薄く出ている場合は問題ありませんが、濃く出ている場合には、パワーバランスが偏りすぎないように意識しましょう。

基本線の上に出た場合

生命線

日常生活が充実し、前向きさに満ちている時です。線が濃すぎる場合には、何事も自分でやろうとして忙しくなりすぎてしまうので注意が必要です。

知能線

新しい知識を吸収する勉強がはかどる時です。線が濃すぎる場合には、頭を使いすぎているので適度な休養が必要です。

感情線

新しい出会いや気持ちを表現するチャンスに恵まれる時です。線が濃すぎる場合には、感情のもつれから人間関係のトラブルが起きやすい時ともいえるので注意が必要です。

運命線

活動に集中して取り組める時です。線が濃すぎる場合には、忙しすぎて心身のゆとりがなくなってしまっている可能性があるので、注意が必要です。

丘の上に出た場合

木星丘

向上心や指導力が増し、目標に近づいていく時です。線が濃すぎる場合には、独りよがりな暴走や思い込みをしやすい傾向があるので注意が必要です。

土星丘

忍耐力や集中力が増すため目標を達成しやすい時です。線が濃すぎる場合には、自分本位で視野が狭くなり問題が起きやすくなるので注意が必要です。

太陽丘

自分の意志を表現することが十分にできる時です。線が濃すぎる場合には、自己主張しがちなので注意が必要です。

水星丘

コミュニケーションが上手に取れるため、新たな出会いが拡大する時です。線が濃すぎる場合には、八方美人になりやすいので注意が必要です。

火星丘

問題解決に向けた解決策がたくさん浮かんでくる時です。線が濃すぎる場合には、怒りの感情にのまれ衝動的に動きやすいので注意が必要です。

金星丘

今までやったことのないことにチャレンジしてみたくなる時です。線が濃すぎる場合には、欲深く自分中心になりすぎてしまうので注意が必要です。

月丘

他者を思いやる気持ちや想像力が豊かになる時です。線が濃すぎる場合には、人の気持ちを深読みしすぎて誤解につながることもあるので注意が必要です。

地丘

自己探求が深まる時です。線が濃すぎる場合には、自分の世界に没頭しすぎて周りが見えなくなってしまうので注意が必要です。

スター（星紋）【意味】希望と成功

3本以上の短い線が組み合わさり星の形になったものです。丘の能力や、線が示す時期の時に十分に活動できるチャンスの到来を表しています。何かしらの成功が手に入るか、人生の中でも大きな好転機を示すため、思いきりチャレンジしていきましょう。

基本線の上に出た場合

生命線

予想外の出来事を通して今までの生き方を見直すチャンス到来の時です。これまでやったことがないことでも、挑戦してみましょう。

知能線

新しい分野に取り組むチャンス到来の時です。思考回路が開けているのでアイデアを形にしていきましょう。

感情線

心がときめくようなチャンスの到来の時です。今までの人間関係が大きく変わる可能性があります。臨機応変に対応できる柔軟性を意識的に身につけていきましょう。

運命線

仕事でのビッグチャンス到来の時です。今後の生き方に大きな影響を与える可能性があります。どんなきっかけも大切にしていきましょう。

丘の上に出た場合

木星丘

新しい分野に挑戦したり、指導者の立場で活動するチャンス到来の時です。迷わず前に進みましょう。

土星丘

大きなプロジェクトに取り組むチャンス到来の時です。大きな成功をつかむ可能性が高いのでやるべきことに集中して取り組んでいきましょう。

太陽丘

新しい働き方に挑戦できるチャンス到来の時です。自分らしい表現や自分らしい働き方に磨きをかけていきましょう。

水星丘

コミュニケーション力が十分に発揮され、新しい仕事との出会いや成功がもたらされる時です。結婚相手やビジネスパートナーの出現もあります。

火星丘

人生において大きな決断を迫られる時です。迷わずやってみたいことに挑戦していきましょう。

金星丘

願いごとが叶うチャンスの到来です。直感力を活かし、素直な気持ちをしっかり表現できれば大きな成功をつかめます。

月丘

「あったらいいな」を形にすることで成功に導かれます。サービス業で大きなチャンス、成功する可能性があるため、世の中の動きや周りの人の話に耳を傾けていきましょう。

地丘

滞っていた問題が解決に向かい大きな飛躍のチャンスがやってくる時です。冷静に考える力を育てていきましょう。

トライアングル（三角紋）【意味】恵みと成就

3本の短い線が組み合わさり三角形を作っているものです。その丘の能力が高く評価され、嬉しい成果が得られるサインです。物質的な成功に恵まれるサインなので、仕事が成功する可能性が高いです。基本線と他の2本の線が結びついて三角形になっている場合、その時期に素晴らしい出来事が訪れるサインになります。

基本線の上に出た場合

生命線

日頃から積み重ねてきた成果が実り、人生を彩るお祝い事（入学、就職、昇進、結婚、出産など）に恵まれます。

知能線

これまでの勉強や研究の成果が実り、評価を得られる時です。飛躍のチャンスにも恵まれるでしょう。

感情線

これまで築き上げてきた人間関係の中で喜ばしい出来事に恵まれる時です。新しい出会い、嬉しい再会に恵まれます。

運命線

これまでの仕事の成果が実り、天職との出会いに恵まれるチャンスの到来です。目標を達成できる可能性もあります。

丘の上に出た場合

木星丘
指導者としての高い評価やチャンスを与えられる時です。活動を支援してくださるサポーターが現れるでしょう。

土星丘
努力の成果が実る時です。経済的にも恵まれ、カリスマ性が発揮され注目される可能性もあります。

太陽丘
決断力が評価され、名声を得るチャンスの到来です。関わる人からの信頼を得て物事が大きく前進する可能性もあります。

水星丘
コミュニケーションや物事の交渉が上手く進み、営業などで成功をつかむチャンスの到来です。大きな財産を築いていくことができるでしょう。

火星丘
医療、研究、開発、スポーツの分野で成功をつかむチャンスの到来です。物事を見分ける力を十分に活かすことで仕事の飛躍につながっていくでしょう。

金星丘
活力がみなぎる時期のため子宝に恵まれたり、新たな仕事、作品が生まれる可能性もあります。

月丘
共感力が高まり、社会の中での評価が高まる時です。支援してくださる人によって、飛躍のチャンスに恵まれるでしょう。

地丘
やりたいことに全力投球できるチャンスの到来です。自分のペースで物事を進めることができ、余暇を楽しむゆとりに恵まれます。

スクエア（四角紋）【意味】安定と拡大

4本の短い線が組み合わさり四角形を作っているものです。その丘の能力が安定して発揮できることを意味します。能力をより発揮するための道具、前向きながんばりをサポートしてくれる人との出会いに恵まれることを示しています。線に現れた場合にはその時期は穏やかな時間が過ごせる安定期を示すサインになります。

基本線の上に出た場合

生命線

安定し、充実した日常生活が送れる時です。穏やかで何気ない日常に幸せを感じることができるでしょう。

知能線

学びを与えてくださる人物との出会いに恵まれる時です。人からのアドバイスを参考に柔軟性を身につけていきましょう。

感情線

人間関係の中で無償の愛を感じるチャンスに恵まれる時です。当たり前のことに感謝できる謙虚さを磨く良い学びの場が与えられるでしょう。

運命線

大きな仕事に恵まれる時です。支援者にも恵まれますので常に感謝の気持ちを持って気配りをしていきましょう。

丘の上に出た場合

木星丘

自分を向上させてくれる良き指導者に恵まれるチャンスの到来です。謙虚に耳を傾ける努力をしていきましょう。

土星丘

物事に対しての適応力が発揮できるチャンスの到来です。目標を達成するための支援者に恵まれる可能性があります。

太陽丘

創造力を刺激する人物や環境との出会いに恵まれる時です。やりたいことを明確にし、発信をし続けていきましょう。

水星丘

コミュニケーション能力が存分に発揮され、人間関係に恵まれる時です。積極的に交流していきましょう。

火星丘

行動力が飛躍的に伸びるチャンスの到来です。目標を実現するための道具やサポーターに恵まれる可能性があります。

金星丘

人の注目を浴びるチャンスに恵まれる時です。食事や睡眠をしっかり取ることで活力が増し、さらなる飛躍につながるでしょう。

月丘

人気をつかむチャンスに恵まれる時です。心と体のメンテナンスをサポートしてくれる人物との出会いに恵まれるでしょう。

地丘

自己成長につながるチャンスに恵まれる時です。人との交流は必要最低限にして、静かな場所で活動に没頭していけば、さらなる飛躍につながっていくでしょう。

アイランド（島紋）【意味】停滞

2本の短い線の囲みが組み合わさって、円形もしくは楕円状になっているものです。どの丘や線に出てもその能力を弱めることになります。せっかくのチャンスが到来しても能力が発揮できない、ネガティブな思考になりやすいなどの意味があります。

※p.139「人生の流れを読む6つのサイン」の鎖（チェーン）も同じ意味です。

基本線の上に出た場合

生命線

気力が弱く何をしていても停滞感を感じやすく、物事が好転しづらい時です。必ず好転する日は来ますので、焦らず前向きに行動しましょう。

感情線

人間関係が思うように築けず自信が喪失しやすい時です。嫌な気持ちになる人との交流はなるべく避け、前向きになれる人との交流を積極的にしていきましょう。

知能線

仕事や勉強のプレッシャーでストレスが溜まっている時です。やるべきことから逃げ出しそうになる時もありますが、一歩ずつ取り組んでいけば、必ずいつかできるようになります。あきらめないことが肝心です。

運命線

周囲の期待などのプレッシャーで逃げ出したくなる時です。できることから一歩ずつ進めていきましょう。

丘の上に出た場合

木星丘

向上心や指導力が弱まり、成果が得られない時です。周囲からの援助も得にくいため、焦らずベストタイミングを待ちましょう。

土星丘

忍耐力や集中力が弱まり目標を成し遂げることが難しい時です。できることから地道に取り組んでいきましょう。

太陽丘

決定力が弱まり優柔不断になりやすい時です。創作活動に息詰まる可能性もあります。気分転換にいつもと違う場所に遊びにいくことで、リフレッシュしてみましょう。

水星丘

コミュニケーションがうまく取れず、物事の流れがスムーズにいかない時です。いつもより丁寧にじっくりと人の話に耳を傾けるようにしましょう。

火星丘

物事を見分ける力が鈍り、勝負事で結果が出しづらくなる時です。結果が出せない時は疑心暗鬼になりがちなので、大きな視野で物事を見るようにしていきましょう。

金星丘

健康上の理由で活力が弱まり直感力が鈍る時です。日常のささいなことに喜びを感じられなくなった時は、体を休める時間を積極的に取り入れていきましょう。

月丘

他者を思いやる力が弱まり自己中心的になりやすい時です。次第に孤立してしまう可能性もあるので、心身のゆとりをなくさないように行動していきましょう。

地丘

物事の本質や問題の原因を深く考えられない時です。偏った見方になったり現実逃避しやすいので注意が必要です。何事にもバランス良く取り組むようにしましょう。

バー（障害線）【意味】トラブルと遮断

どの丘にも向かわず基本線を横切る短い線のことです。線の持つエネルギーを弱めることを意味します。短いバーが立て続けに出る時期は思い通りに物事が進まないことも増えますが、大きな失敗や事故が起きないように入念に準備をすれば、必ず乗り越えていけます。

基本線の上に出た場合

生命線

不注意による事故、怪我、不摂生が原因で病気になりやすい時です。精神的な葛藤をなにかと抱えやすい時です。自分の中のこだわりが何かを静かに見つめる勇気を持ちましょう。

知能線

仕事や勉強面でケアレスミスをしやすい時です。集中力、判断力の低下でネガティブな思考にもなりやすい時なので事前の準備、確認を丁寧にしていきましょう。

感情線

感情の浮き沈みがあり相手の反応が気になりやすい時です。感受性が敏感になり、人間関係のトラブルが起きやすいので注意が必要です。

運命線

仕事で思うような成果が得られない時です。結果を出そうと焦らず地道な取り組みを続けていきましょう。

タッセル（房状線）【意味】過多と消耗

基本線の終点が房状に分かれている紋のことです。線が示す能力や時期にがんばりすぎて消耗していることを表します。終点に現れることが多い紋のため、人生の晩年期に体力や気力がなくなっていくと捉えがちですが、人生全般かけてやりすぎによる消耗感があると捉えます。日常から管理をしっかり行い、最後まであきらめずに取り組む心身の強さと意志力を育てていきましょう。

基本線の上に出た場合

生命線

不摂生や不規則な生活リズムが原因で体調を崩しやすい時。目標が見つからなかったり管理能力が低下する傾向もあります。日常を見つめ直し一つ一つのことに丁寧に取り組みましょう。

感情線

感情が不安定になりやすい時です。感情がコントロールしづらくヒステリーを起こしやすい時なので注意が必要です。自然の流れに身をまかせ、何事もやりすぎないように意識していきましょう。

知能線

寝不足や頭を使いすぎていることから来る判断力の低下、観察力の低下が起きやすい時です。しっかり寝ること、頭を休めることを意識していきましょう。

運命線

使命感に燃えすぎて、燃え尽き症候群になりやすい時です。適度に取り組むバランス力を身につけていきましょう。

column 6

手のひらからのメッセージを受け取ろう

紋は、今の自分を見つめる上で、一番わかりやすいサイン。

毎日天気予報を見るように、日々自分の手相の様子を見て、今の自分や少し先の自分の行動を決めることができます。そういった使い方をするときに、紋はとても役に立つものになります。例えば、今取り組んでいる仕事がうまく行くのかな？ と思ったときは、安定や拡大を示すスクエアやトライアングルを探してみます。この２つは現実的に充実していることを表すサイン。それらがあるときには、安定して能力を発揮でき、拡大する時なので、安心して前に進むことができます。

これからこういうことをやっていきたいな、という希望や夢があるときには、スターを探します。スターは、まだ形にはなっていないこれからの希望の兆しを教えてくれるサイン。手のひらにスターを見つけたときは、やりたいことにチャレンジするチャンスが来てるよ！ と教えてくれます。

自分に自信がなくなったときに手相を見ると、手のひらには良い紋がいっぱいで、ダメだと思っていたのは自分の思考の中だけで、本来の自分は才能にも希望に溢れていたことに気づいたりもします。不安なときに手相を見ると、「大丈夫」と思えて、自分に自信を取り戻すことができるのです。

逆に、「私は大丈夫！ 元気！」と思い込んでいるときに手相を見てみたら、障害線が出ていたり線が薄くなっていたりして、実は無理して疲れていたことに気づく、なんてこともあります。そういうときには、冷静になって今の自分を見つめ直したり、「もうちょっと自分に優しくしよう、少し休もう。」と思えます。

手のひらは、あなただけのプチカウンセラーのようなもの。客観的に自分を見つめるために、手相を活用してみてくださいね。

step 5

全体像をつかむ

複合リーディング

〜自分のカルテを作ってみよう〜

Step 5

複合リーディング

自分のカルテを作ってみよう

さて、これまで、手の形・丘・基本線・補助線・紋、それぞれの持つ意味を説明してきました。実際に占い師が手相を占う時は、これら全ての情報を組み合わせて複合的にリーディングをしています。初めて手相を学ぶ方がいきなり全てをまとめるのは至難の技なので、まずはこの本の巻末にあるカルテシート（p.150～）を使って、自分自身のカルテを作ってみましょう！
カルテが作れたら、それを使って自分がどんな人なのか、リーディングしてみましょう。

自分を知るための
カルテ1
➡p.150

手の形・丘・基本線から、基本的なあなたの姿を知る

まずは1枚目のカルテで、あなたの手の形・丘・基本線の状態から、あなたの人物像をつかんでいきます。本来の自分を知るために、最初は左手から見るといいでしょう。自分の形や線の特徴と傾向を、カルテに書き込んでいきます。

1. 手の形

自分の手のひらの形、指の長さの特徴と、4タイプのうちどれなのかを見つけてキーワードを書き込みます。イマジネーションが得意な方は、4元素のイメージをふくらませて自由に書いてみるのもおすすめです。

2. 丘と指

手のひら全体を俯瞰してみて、丘がふくらんでいるところ、指が標準より長い・短いところを見つけたら、各丘のページの左下から特徴と傾向を抜き出してカルテに書き込みます。（全ての丘のふくらみをチェックするのではなく、特に目立つところだけを見つけ出すのがポイントです！）　丘のキーワードやテーマなども記入してみましょう。

カルテ記入例

手の形 ➡p.23～p.29

自由にインスピレーションで書くのもオススメ

手のひらの形	指の長さ	手の形
四角い手・長方形の手（○）	短い指・長い指（○）	土・風・火・水（○）
【行動パターン】感性を重んじる、臨機応変、直感的、人のため	【思考の長さ・アンテナ】よく考える、想像力豊か、共感力高い、慎重	【あなたの性質】受身、繊細、恩恵を大切にする、いろんな形になれる、癒し、感受性豊か

丘と指

丘は、他と比べてより目立つ部分を見つけて○をつけてみましょう
指は、標準的な長さ（**p.35**）と比べて、より長い・より短い場合のみ○をつけます

➡p.38～p.55

	丘	指	傾向
木星丘 / 人指し指	あ（○）・平	長（○）・短	丘：気前が良い、与え上手 ※導く力、自然の法則、拡大、陽気、道徳心 指：向上心がある
土星丘 / 中指	あ・平	長・短	
太陽丘 / 薬指			丘：影響力がある　※自己表現力、

特徴　傾向　丘のキーワードやテーマ

3．基本線

次に、自分の生命線・感情線・知能線・運命線それぞれの線の特徴と傾向を、各ページのチャート図から抜き出して、カルテに書き込みます。

4．自分の人物像をまとめてみる

それぞれの特徴や傾向を書き込んだら、それらをまとめて、自分がどんな人間か、イメージしながら書いてみましょう。

p.122以降にリーディング例を出しているので、参考にしてみてください。

カルテ記入例

基本線 ➡p.65～p.74

上から順にひとつずつ書き込んでいこう

		特徴	傾向
生命線	線の濃さ	濃い・薄い	【行動力】 活動的、チャレンジ型、前向き
	張り出し方	大きい・普通・小さい	【エネルギーの量、存在感】 生命力が強い、存在感がある、パワフル
	長さと線の向かう先	短い・長い ／ 火星平原・金星丘・地丘	【その人の気質】 熟考型、精神的な豊かさの追求、落ち着いている
感情線	線の濃さ	濃い・薄い	【心の強さ】 ポジティブ、逆境に強い
	長さ	とても長い・長い・短い	【心の向く方向】 内向的、愛情深い、狭く深い関わりを好む

Let's imagine!

まとめると…

カルテに出てきた傾向をまとめて、あなたの人物像をイメージしてみましょう！

感受性豊かで感性を重んじる繊細なタイプだけど、根はポジティブで逆境に強い。
内向的なので交友関係は狭いけど、愛情深い。 etc.

情報を組み合わせて、立体的にイメージしてみよう！

自分を知るためのカルテ2

➡p.152

補助線で、あなたの仕事運・お金の捉え方・人との付き合い方を知る

カルテ2枚目は、太陽線、財運線、パートナーシップ線の3つの補助線です。この3つの補助線の状態を詳しく見ることで、生きていく上で必要な「仕事」「お金」「対人関係」という3大テーマを、それぞれ読み解いていくことができます。

太陽線の読み方は、p.128のリーディング例も参考にして記入してみてください。

財運線は、「お金」という単語を「知識」や「情報」と言い換えてリーディングすることもできます。さらに、太陽線・財運線・運命線の3つの線の情報を組み合わせることで、あなたの仕事運・財運を詳しく読んでいくこともできます（p.130コラム7参照）。

太陽線 自分らしい働き方

➡p.91	特徴	
線の濃さ	濃い・薄い	【自信の有無】明るくエ 決断力があ
本数	1本もしくは2本・3本以上	【物事への取り組み方】マルチな才能を活かし

財運線 自分らしいお金の使い方

➡p.93	特徴	
線の濃さ	濃い・薄い	【お金の満足度】満足度が低い
本数	1本もしくは2本・3本以上・	【お金の捉え方】あればあるだけ使う

パートナーシップ線 自分らしい人

➡p.95	特徴	
線の濃さ	濃い・薄い	【対人関係の主体性】社交的、主体的
本数	1本もしくは2本・3本以上・	【対人関係の築き方】一対一、もしくは少

自分を知るためのカルテ3

➡p.154

手相メモ

カルテ3枚目は、手相メモです。気になる補助線や紋の状態を描き込んでおいたり、p.132の「人生の流れ」を見るときに生命線の流れをメモしたり、自由に今の手相を描きとめておきましょう。

手相は変化するものです。チェックした日付も入れておくと、変化がわかりやすいと思います。

自分のカルテが完成したら、じっくりとカルテを眺めてみてください。あなたという人物が、浮かび上がってきませんか？

カルテ記入例

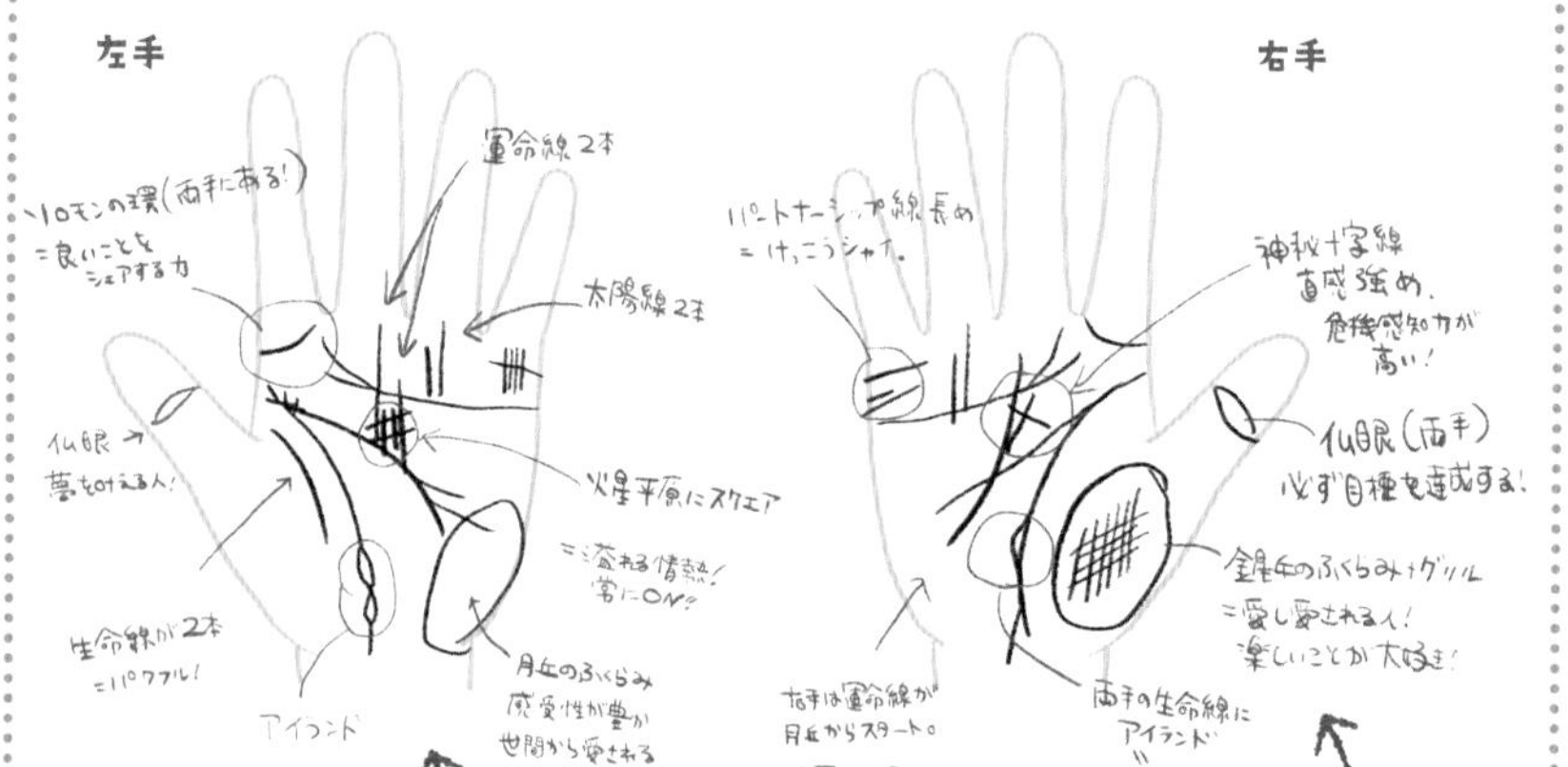

気になる線や紋を見つけたら描き込んでおこう！

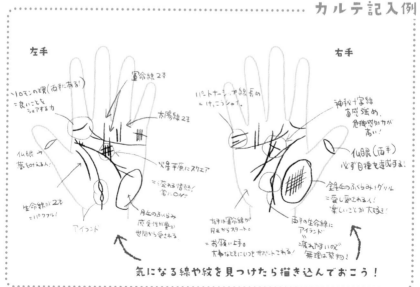

カルテに書き出した情報を使って実際にリーディングする方法を、次ページ以降にいくつか用意しました。リーディングをするときは、「自分の才能は何だろう？」「自分らしい働き方は何だろう？」などと、知りたいテーマを決めてからリーディングすると、答えが見つけやすくなります。リーディング例を参考に、じっくりと、自分らしさを見つけていきましょう！

Check!
まとめてみよう

□ 自分の手の特徴と傾向を、まとめてみましょう。

□ 左手と右手のカルテを作り、本来のあなたと現在のあなたを見比べてみましょう。

□ テーマを決めて、自分に合った答えを見つけてみましょう。

カルテは、左記よりダウンロード・印刷して使うことができます。
https://fugeisha.com/books/teso/karte/
いろんな人の手相を見せてもらい、カルテを作ってみましょう！

占い師はこうやって読んでいる!

複合リーディング例　case.1

「私らしさって、何だろう?」

手の特徴

・火の手
・水星丘、月丘がふくらんでいる

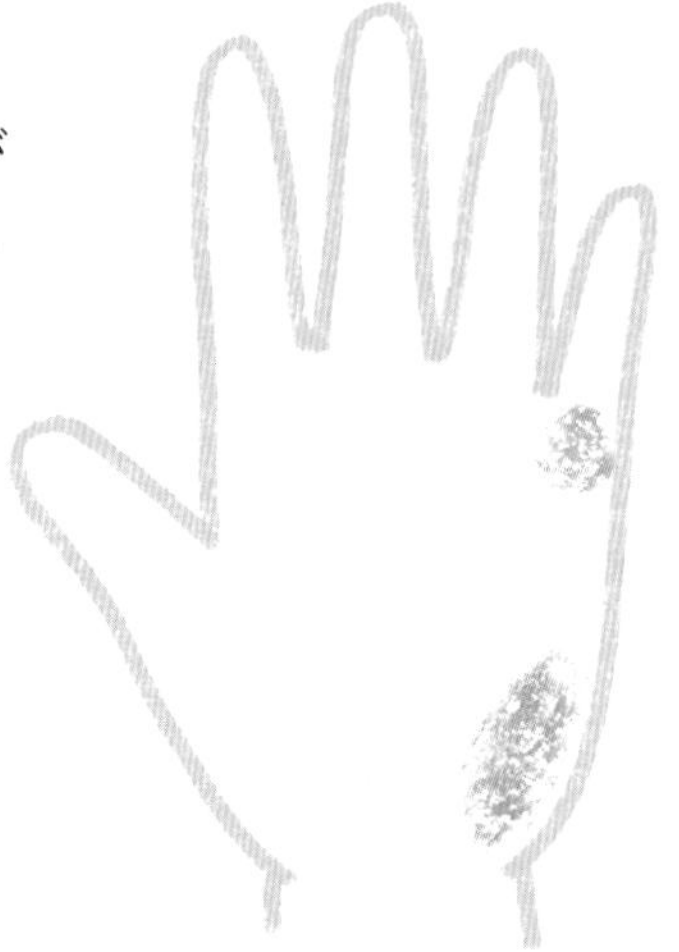

では実際に、カルテの情報を使ってリーディングをしてみましょう。まずは手相を見る上での土台となる、Step.1の「手の形」「丘」の情報から、一番基本的な「自分らしさ」を見つけていきます。

この例の人は火の手なので、活動的でサポートが得意な、情熱的な人。さらに水星丘と月丘が発達していることから、人とコミュニケーションを取るのが得意で、共感力や想像力にも優れているのでちゃんと人の気持ちを察することもできる人。人を想い、人のために動くことが好きな人といえますね。一つ一つの特徴を掘り下げていくことが、リーディングのコツです。

check! p.151
手相カルテから情報をピックアップ

➡ Let's imagine!
情報からのイメージをふくらませてみる

手の形

手の形
土・風・火・水
【あなたの性質】 活動的、サポートが得意、陽気、情熱的、変化に強い

- 火は使い方によって素晴らしい道具になる。
  ➡ 目標設定すると能力が発揮されやすい。
- 誰かに火を起こしてもらう必要がある。
  ➡ 誰かにきっかけをもらったり、人と関わると良い。
- 火は放っておくと燃え尽きる ➡ 火の手の人はあまり考え込まず、熱いうちに行動する方が良い。 etc.

丘と指

	丘	指	傾向
水星丘 / 小指	あ・平	長・短	社交的である、つなぐ力、交渉力、コミュニケーション能力
月丘	あ・平	／	感受性が豊か、想像力がある 受容力、共感力

水星丘 / 小指:
➡ 知識や情報を発信する力に恵まれている。
➡ 言葉を使うのが得意。
➡ 人と関わるのが得意。

月丘:
➡ 世間（社会）の流れや人の気持ちの変化を感じ取り想像する力、共感する力がある。
➡ 人を思いやる優しさがある。 etc.

Let's imagine!
まとめると…

世間の流れや人の気持ちを読み取り、それを伝えたり、
月丘　水星丘

ご縁をつないだり、人をサポートすることが得意な、
水星丘　火の手

陽気なパワーの溢れる人。
火の手

といった答えが出てきます。

POINT

手相を見るときに一番大切な土台となるのは、「手の形」(p.22)です。火の手なら火、水の手なら水といった、自分の手の形と同じ自然界の要素をよく観察して、どんな特徴があるのかイマジネーションをふくらませてみましょう。思いがけない一面が見えてくると思いますよ。改めて、自分の手の形のページもじっくり読み直してみましょう。

占い師はこうやって読んでいる！

複合リーディング例 case.2
「私の才能って、何ですか？」

手の特徴

- 水の手
- 生命線が長く、地丘へ向かっている
- 知能線が短く、火星平原へ向かっている

今度は、もう少し具体的に見ていきましょう。上記のような手の特徴を持つ人に、「私の才能って何ですか？」と相談されたとします。

今回は、「手の形」「生命線」「知能線」の3つの情報から、才能を見つけていきます。手相には膨大な情報が詰まっているので、最初は少ない情報から掛け合わせていきましょう。

情報を組み合わせて人物像がイメージできたら、それを才能として活かすにはどうしたら良いか？と具体的に考えてみます。「その人らしさを活かす＝才能」といえます。難しく考えず、想像力を使って、楽しんでいろんなアイデアを出してみましょう。

check! p.150,151
手相カルテから情報をピックアップ

➡ Let's imagine!
情報からのイメージをふくらませてみる

手の形

・水の手

感受性が豊か、繊細、
柔軟性がある

➡物事の背景を想像できる。
➡人の気持ちを汲める。

基本線

・長く地丘へ向かう
生命線

熟考型、
精神的な豊かさの追求

➡いろんな想定ができる。
➡様々な考え方を知っている。
思慮深い。

・短く火星平原へ
向かう知能線

即断即決型、直感重視、
前進力がある

➡決めるまでのスピードは早い。

Let's imagine!
まとめると…

感受性が豊かで、思慮深い人であり、
水の手　生命線

人に相談された時にはすぐアドバイスができる人。
知能線

⬇

人の相談に乗れるアドバイザーの才能がある。

または、想像力があり、それをどうすれば現実化できるかをいつも
水の手

考えていて、機会が来たらすぐに行動に移せる人。
生命線　知能線

⬇

夢を現実にしていく才能がある。 という答えが出てきます。

POINT

生命線は「熟考型」で知能線は「即断即決型」と相反する情報が出てくるので、最初は読み方に迷うかもしれません。生命線と知能線の違いを考え、「気質は熟考型だけど決断力はある」「決めるのは早いけど、行動するまでは時間がかかる」と読む。手の形も踏まえて、「水の手だから状況や相手によって変わる」などと読むことができます。迷ったら、まずは濃い方の線を優先して読むといいでしょう。

占い師はこうやって読んでいる！

複合リーディング例　case.3

「私の強みって、何ですか？」

手の特徴

- 木星丘、金星丘がふくらんでいる
- 長く濃い太陽線が１本描かれている

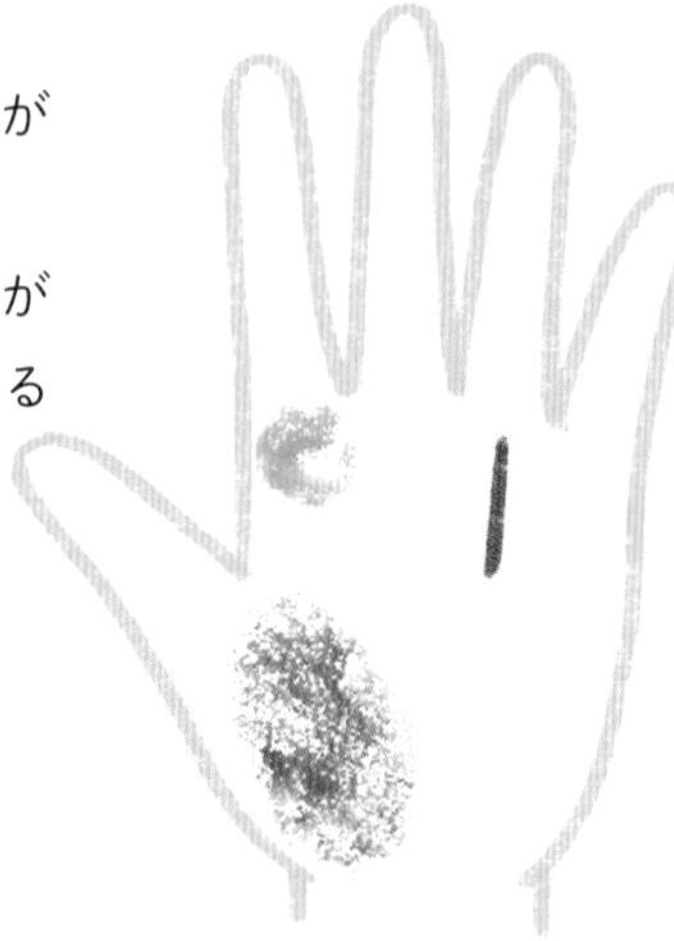

今度は、丘のふくらみと補助線から、その人の強みとなる能力を見てみましょう。この人は、木星丘と金星丘がふくらんでいて、長く濃い太陽線が1本くっきりと現れています。金星丘がふくらんでいる人は、自分の喜びを感じる力とそれを表現する力があります。太陽線が1本濃く出ているということは、自己肯定感が高いので、金星丘で感じる自分の価値観を自分で信頼することができているということ。その価値観を人に伝えることで、木星丘の持つシェアする力や拡大のエネルギーを借りて、たくさんの人に喜びを広げることができるでしょう。

check!
手相カルテから情報をピックアップ

➡ **Let's imagine!**
情報からのイメージをふくらませてみる

丘と指 p.151

	丘	指	傾向	Let's imagine!
木星丘 / 人指し指	あ・平	長・短	導く力、拡大 シェアする力	➡ 与え上手。 ➡ 人を導くことができる。
金星丘 / 親指	あ・平	長・短	直感力、表現力、 創造力	➡ 自分の好きなものがわかっている。 ➡ 表現できる。

太陽線 p.153

本数	1本もしくは2本・ 3本以上・ 目立たない	【物事への取り組み方】 自分を信じる力、一つのことにじっくり取り組む力	➡ 自分の価値観を信頼している。

Let's imagine!
まとめると…

自分が良いと思うものを提案する力、広める力、
金星丘　太陽線　木星丘

新しいものを生み出す力がある。
金星丘

自分の価値観を信じて進んでいく力がある。
金星丘　太陽線　木星丘

といった答えが出てきます。

その強みを仕事で活かすには・・

「自分の好きなもの」を売る**販売職**、広める**営業**、

創り出す**クリエイター**　などが出てきます。

POINT

手相の情報を組み合わせることによってリーディングの精度が深まっていきますが、情報量が多いため、ただ組み合わせるだけでは迷ってしまいます。まずは、「何を知りたいのか？」を決めてから、必要な情報を拾っていくと良いでしょう。

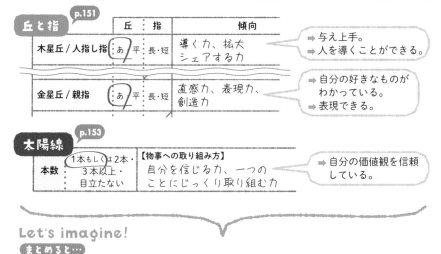

占い師はこうやって読んでいる！

複合リーディング例　case.4

「自己肯定感を高めるには？」

手の特徴

・濃い太陽線が感情線から１本だけ描かれている

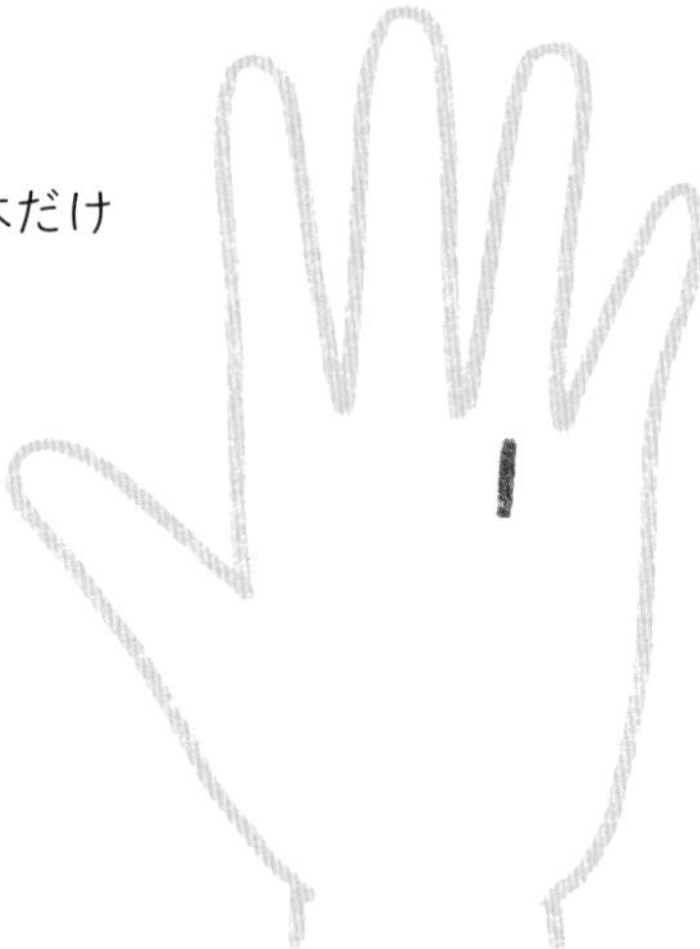

自己肯定感を高めるにはどうしたら良いでしょう？　そのためには、自分を肯定できる場所で自分らしくいられることが、一番ではないでしょうか。

前ページでは、手の形や基本線などの複数の特徴から複合リーディングしましたが、今度は太陽線だけを使ってリーディングしてみましょう。自分の線の情報だけではなく、自分に当てはまらない情報も見ていくことで、「自分らしいもの」を見つけると同時に「自分らしくないもの」も見つけることができ、理解が深まります。さらに手相の情報と実際の現状を照らし合わせてみて、より自分らしくいられる環境を探っていきましょう。

カルテ（p.153）に書き込みながらリーディングしてみよう！

p.91

check!
太陽線のチャート図からあなたの情報をピックアップ

○自分らしい傾向…

（線が濃い）
・明るくエネルギッシュ
・人を惹きつける魅力の持ち主
・決断力がある

（本数1本）
・一つの仕事にじっくり取り組む、
・長く続けることで成功をつかむタイプ

（出発点が感情線）
・チームワークによって成功する

check!
あなたに当てはまらない情報もピックアップ

✕自分らしくない傾向…

（線が薄い）
・控えめで慎重
・サポートが得意
・協調性がある

（本数複数）
・マルチな才能を活かし複数の物事に同時に取り組むことで成功をつかむタイプ

（出発点が感情線以外）
・独自のアイデアと分析力を活かして時代のニーズをキャッチして成功
・自分のやりたいことに投資する

etc.

check!
今のあなたの環境や立場などを書いて、○✕をつけてみよう

？実際の現状は？

いくつかの仕事で ✕ チームを組み、○ サポート役をしている。✕

アイデアを出したりすることも多い。✕

Let's imagine!
まとめると…
✕を○に変えよう！

！自分らしく働くためのアドバイス

チームで動くのは◎。チームでは、サポート役よりも決断する立場の方が向いている。いくつか仕事を同時進行するよりも、一つのことにじっくり取り組んだ方が良い。

例えば線の濃さだけで見ても…

線が濃く決断力があるのに控えめなサポート役に徹している場合、自分を抑えて我慢しているかもしれません。もっと自分で決めていける立場の方が向いています。逆に、線が薄く控えめな人が決断の迫られるリーダー役をしていると、技量以上の責任感の中でがんばりすぎてストレスを感じているかもしれません。肩の力を抜いてサポート役になってみると、自然とあなたらしさが発揮され、評価も高まるでしょう。

自分に適した場所で自分らしさを発揮することで、才能が活かされ、自己肯定感もどんどん高まっていきます！

運命線・太陽線・財運線で見る、仕事とお金の関係

手相鑑定にいらっしゃる方の多くは、「仕事」「お金」のことを質問されます。 私が「仕事」「お金」をテーマに手相鑑定をする時にまず見るのが、運命線・太陽線・財運線の３つです。この３つの線の関わりを見ることで、その人の仕事運や財運が見えてくるのです。

まず運命線では、仕事の選び方や主体性を見ます。そして太陽線では選んだ仕事との向き合い方や成功へのヒント、財運線ではその仕事で得たお金や情報、人脈の活かし方などを見ていきます。

例えば太陽線が濃く出ていたら、今の仕事が合っている可能性が大きいので、自信を持ってその仕事に取り組みましょう！ と伝えます。もし太陽線が薄かったら、太陽線の特徴とともに一度運命線の状態も確認してみましょう。

運命線が地丘からまっすぐ濃く伸びている人は、自営業や社長向きといえますが、反対に薄く月丘から伸びているような人は、組織に属する働き方が向いているかもしれません。今の環境と運命線の状態を比べてみて、もしあなたが自分らしくない状況にいると感じたならば、仕事を選び直すことを考えてもいいでしょう。合っていると思ったら、改めて今の仕事に自信を持って取り組んでみましょう。きっと太陽線も濃くなっていくはずです。

そして、仕事を通して自分の得たお金や知識、人脈などをどのように運用すれば、得たものを自分らしく活用できるかということを、財運線の状態から探っていきます。

この３つの線が濃くはっきりと肉眼で見えていれば、あなたは間違いなく仕事運・財運に恵まれている人といえるでしょう。濃い線を持っているのに仕事やお金のことで悩みが絶えない場合は、自分の才能を手相を通してしっかり自覚することが、仕事運・財運アップの秘訣です！

オマケ

人生の流れを知る

流年法とサイン

オマケ

人生の流れを読んでみよう！

—流年法とサイン—

占いをする時に一番聞きたくなるのは、「**自分らしさ**」と合わせて「**自分の未来はどうなるのか？**」ではないでしょうか。このページでは、手相を読む上で重要な「流年法」という手法を使って、人生の流れを読む方法をお伝えします。流年法にも様々な手法がありますが、この本では一番シンプルに、生命線を使った読み方をお伝えします。

生命線には、生まれてからこの世を去るまでの人生の大まかな流れが描かれています。生命線の流れ方と生命線上に現れるサインを読み取って、過去・現在・未来といった**人生の流れ**を読んでいくことができます。左手は**本来の人生の流れ**、右手はその人生を「今の自分」の視点からどう捉えているのかという**主観的な人生の流れ**を読むことができます。まずは左手からリーディングをしてみましょう。次に、左手と右手を見比べて、自分の価値観も探ってみましょう。

流年法

まず生命線の出発点から終点までを、**均等に3等分**します。生命線の長さは気にしなくて大丈夫です。区切ったら、出発点から1つ目の区切りまでを「0〜30歳」、1つ目の区切りから2つ目の区切りを「30〜60歳」、そこから終点までを「60歳〜晩年」とします。

区切った年齢域の線の形や流れる方向、線上に現れたサインから、人生の方向性や出来事を予測していきます。シンプルですが、非常に的中率の高い方法です。

流年法

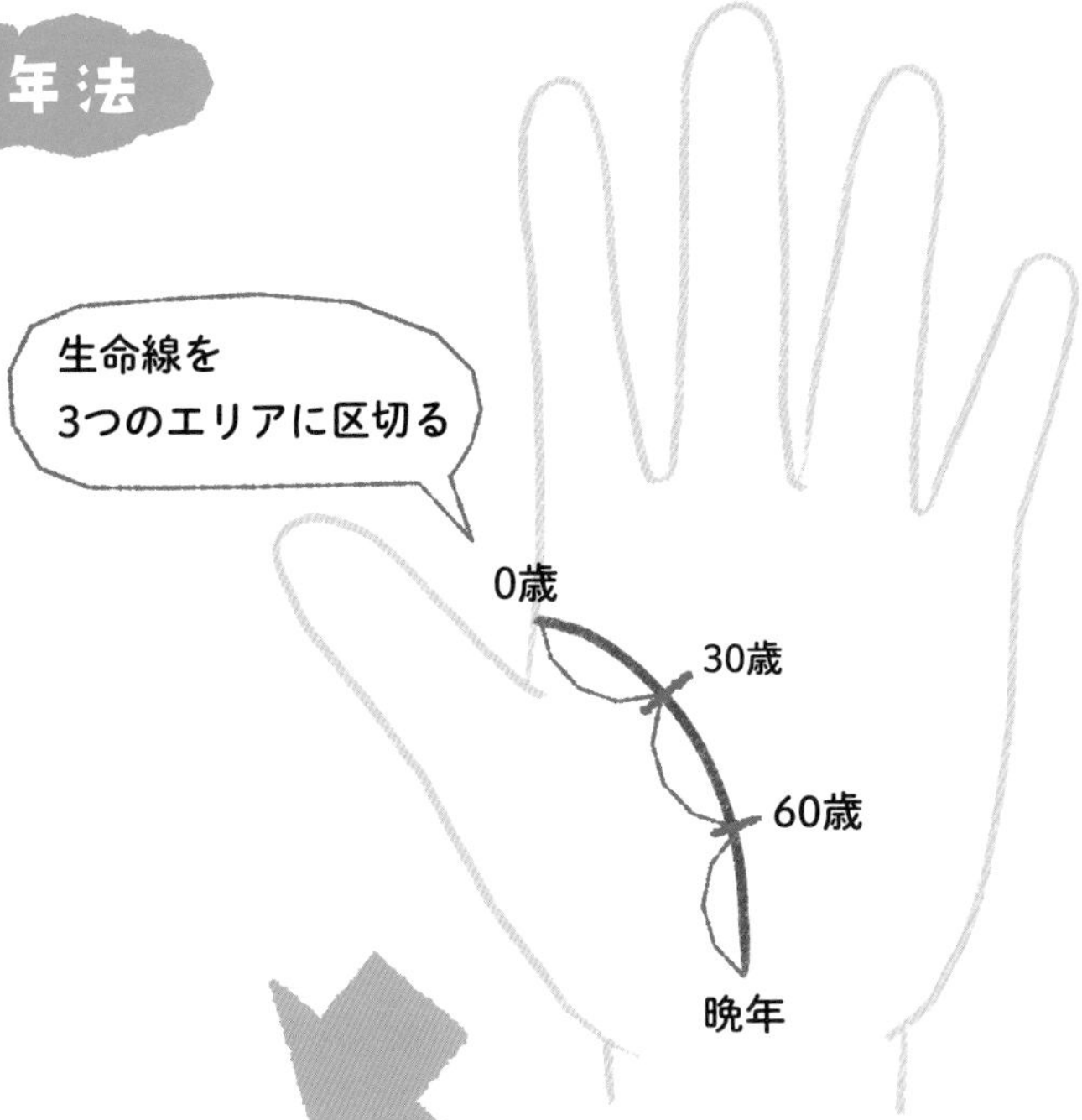

人生の方向性を見る

生命線の
向かう先を
見る

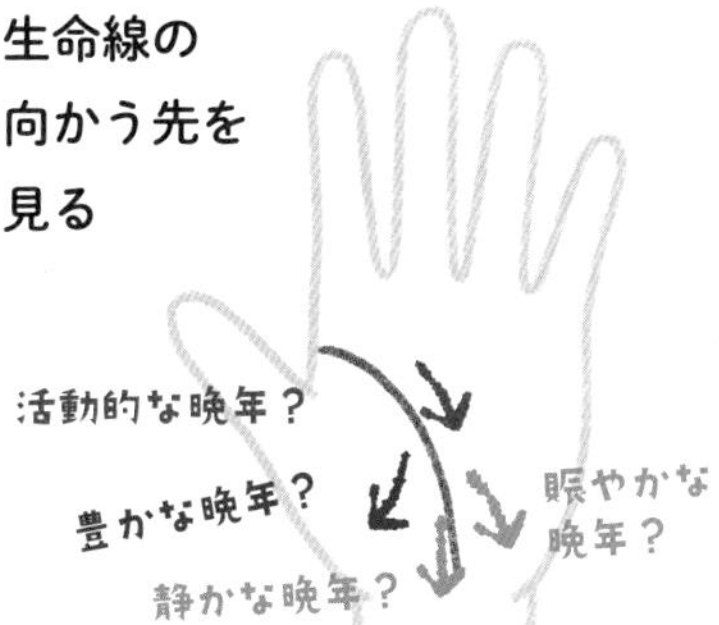

人生の流れを見る

線上に現れる
サインを読む

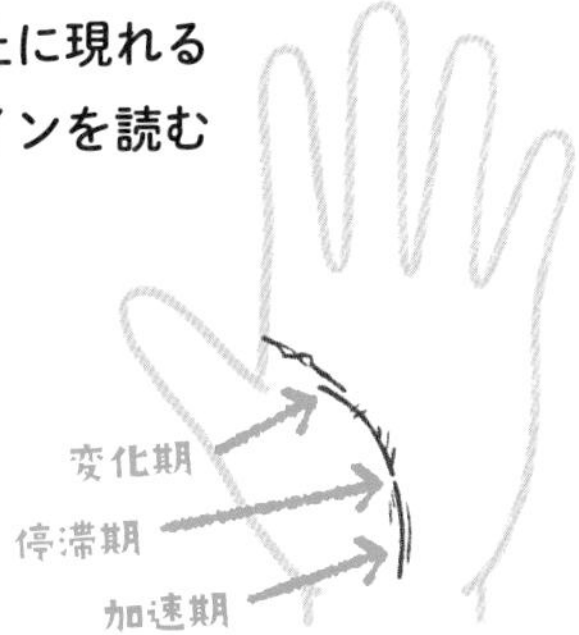

人生の方向性を見てみよう

～生命線の向かう先で晩年を読む～

では、最初は簡単に、生命線の向かう先で「あなたの人生の方向性」を見てみましょう。

流年法では、線の終点が晩年でしたね。生命線の向かう先がどの丘に向かっているかを見ることで、あなたの晩年がどの方向へ向かっていくのかがわかります。

主に4つのタイプに分けて解説します。生命線が短い人は、**火星平原タイプ**。金星丘をぐるりとまわるように線が伸びている人は、**金星丘タイプ**。手首へまっすぐ伸びる人は、**地丘タイプ**です。金星丘や地丘へ向かっているようで、同じくらいの濃さの線が月丘へも枝分かれして伸びている人は、**月丘タイプ**です。薄い線だと旅行線などの補助線と見ることもできますが、意外と多いのがこの月丘タイプです。自分の生命線の先がどの丘へ向かっているのか、パッと見た印象で決めて読んでみましょう。ここでも、丘の意味と照らし合わせて読んでいきます。

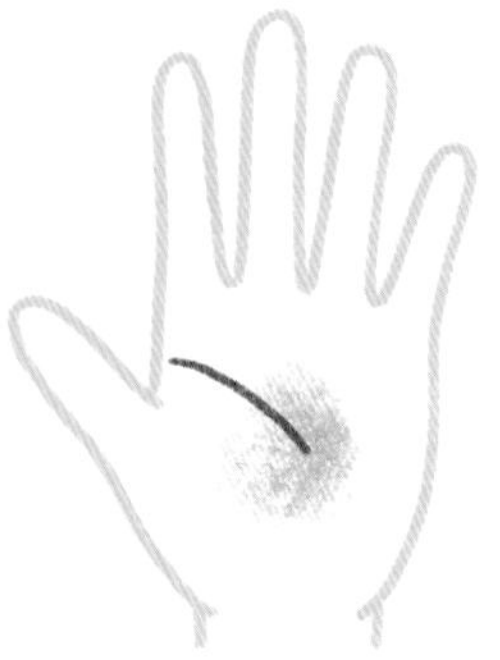

火星平原へ向かう

火星平原 ↓ p.48

火星は行動力と情熱の源。生命線が火星平原へ向かう人は、晩年になってもなお挑戦することを好み、いつまでも若々しく生き生きとした、活動的な晩年を過ごすでしょう。

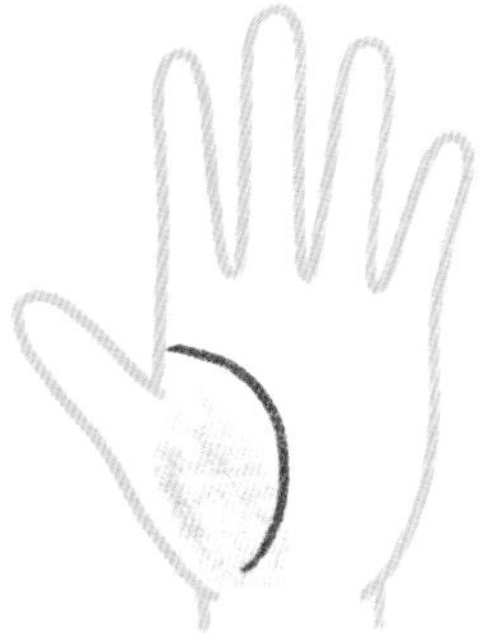

金星丘へ向かう

金星丘へ生命線が伸びる人は、物質的な豊かさに満たされて過ごせるでしょう。経済的な不安のない晩年なのでお金の心配はせずに、自分の喜びを追求していきましょう。

金星丘 ⬇ p.50

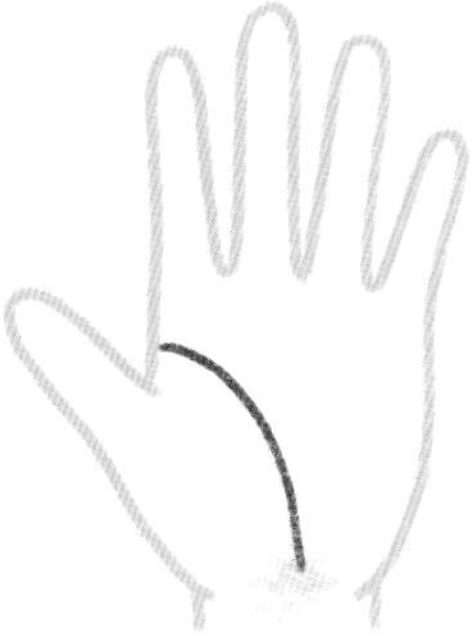

地丘へ向かう

地丘は本質的なものを象徴する丘。精神的な豊かさに満たされた、静けさを楽しむ晩年が待っているでしょう。穏やかな晩年を楽しみに、今のうちにやりたいことをやっておきましょう。

地丘 ⬇ p.54

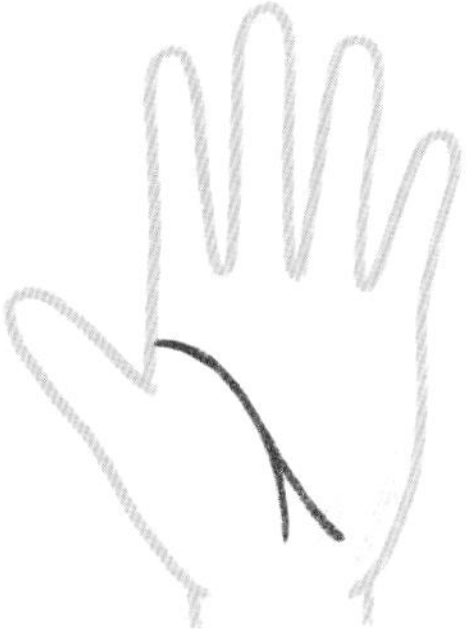

月丘へ向かう

月丘へ伸びる人は、賑やかな晩年を過ごすでしょう。月は変化する星。変化を楽しむ、旅を楽しむ、他者や社会と関わり、想像して共感して、わくわくとした晩年を楽しめるでしょう。

月丘 ⬇ p.52

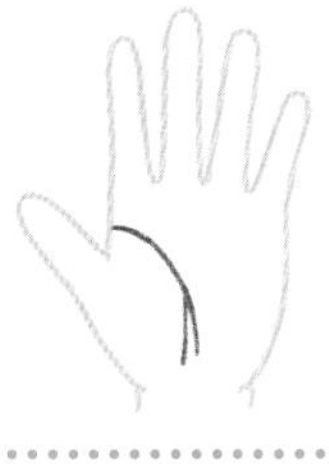

生命線の真ん中もしくは下のほうから手首に向かって枝分かれしていく線を**土台線**と呼びます。この線は人生の晩年にかけて、体が健康、もしくは取り組んできたことがしっかりと根を張り安定した基盤のもとで繁栄するという意味があり、土台線が現れている時は晩年運が良いので、自分のことを信じて安心して進んでいきましょう。

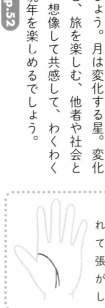

人生の流れを読む6つのサイン

生命線の向かう先から人生の方向性が見えたら、今度は生命線上に現れるサインを見つけて、人生の流れを読んでみましょう。ここでは、代表的な6つのサインを紹介します。何歳頃にどんなサインが現れているのかを見ることで、過去・現在・未来の出来事を予測することができます。

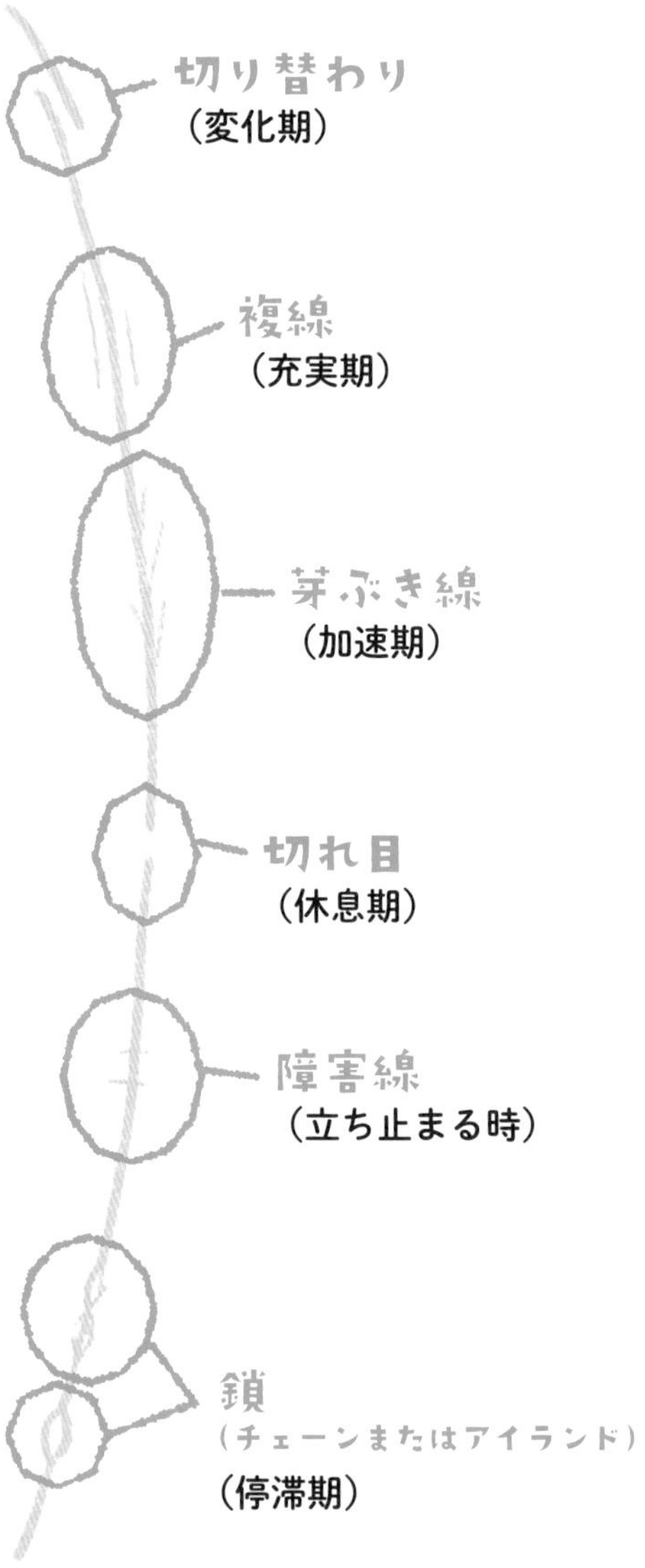

切り替わり（変化期）

線が途切れた横からまた別の線が出ている場合、その時期は人生が大きく切り替わる時であることを表します。切り替わりのサインがある時は、住まいや仕事、人間関係など大きく環境が変わる時なので、目まぐるしく日々が動いていくことでしょう。

これまでの価値観が変わるくらいの新しい出会いのチャンスの到来ともいえます。

複線（充実期）

線の内側や外側に細い複数の線が描かれている場合、その時期はパワーがみなぎり、取り組んでいることが順調にまわり、生活が充実しているサインです。これまでやってきたことの成果が実り、たくさんの人に体験してきたことをシェアすることができるくらいに心の余裕がある時です。何事にも愛情に満ちている時期ともいえます。

関わる人にもたくさんのポジティブパワーで良い影響を与えることができるので、社会的な評価も高まる時期でしょう。

芽ぶき線（加速期）

生命線から細い支線が伸びているのは、物事の流れが拡大している時のサインです。この時期は、物事の流れが加速し拡大していくチャンス到来の時期です。

実力以上のチャンスに恵まれたり、選択肢が多くて迷う時もあるかもしれません。そんな時は恐れず前進、成長していける選択肢をしっかり選んでいきましょう。

切れ目（休息期）

線と線が途中で切れている場合、その時期は休息、もしくは物事が強制ストップされることを表します。切れ目のサインが出ている時は、あなたにとって何かしらのショッキングな出来事を通してこれまでの人生を見つめ直すチャンスが到来していることを示しています。

切れ目がある時は無理は禁物の時期ですが、ショッキングな出来事を通して大きく成長できる時でもあります。引き続き前を向いて、歩みを進めていきましょう。過去に起きた悲しい出来事なども、今を変えていくことで確実に良い未来へと変えていけます。

障害線（立ち止まる時）

生命線を横切る短い線が出ている時期は、物事の流れが思うように進んでいないように感じる時、もしくは精神的な負担を感じる出来事が起こる時期でしょう。成長の時には必ず立ち止まるチャンスが与えられます。一見マイナスに思えることの中にこそ、大きな宝物が隠されています。立ち止まって取り組んでいることを見つめ直すと、ついやってしまう自分の癖や心の深いところまでを見つめることができ、本当にやりたいことを再確認できるチャンスの時期ともいえます。目の前にある環境を楽しんで乗り越えていけるように気持ちを整えていきましょう。

鎖（チェーン）（停滞期）

※紋のアイランド（p.110）と同じ意味

複数のラインが絡み合い鎖のように描かれている線は、滞りのサインです。何をしていても停滞感を感じやすい時期。些細なことから関わる物事に対して疑いの目が出てきてしまう時かもしれません。そんな時は無理して前進するよりも、一つ一つのことを丁寧に確かめながらマイペースに進んでいくと良いでしょう。目の前にこじれた問題がある時は、こわばった心や体を丁寧にほぐしてあげるように、どうしてこうなったのかをじっくり考える時間が大切です。解決できないものは一つもありません。一つずつ確実に解いていく気持ちがあれば全ては解決に向かっていきます。

占い師はこうやって読んでいる！

実際に人生の流れを読んでみよう！

case.1

３つの時期に分けて、人生の流れを読んでみよう！

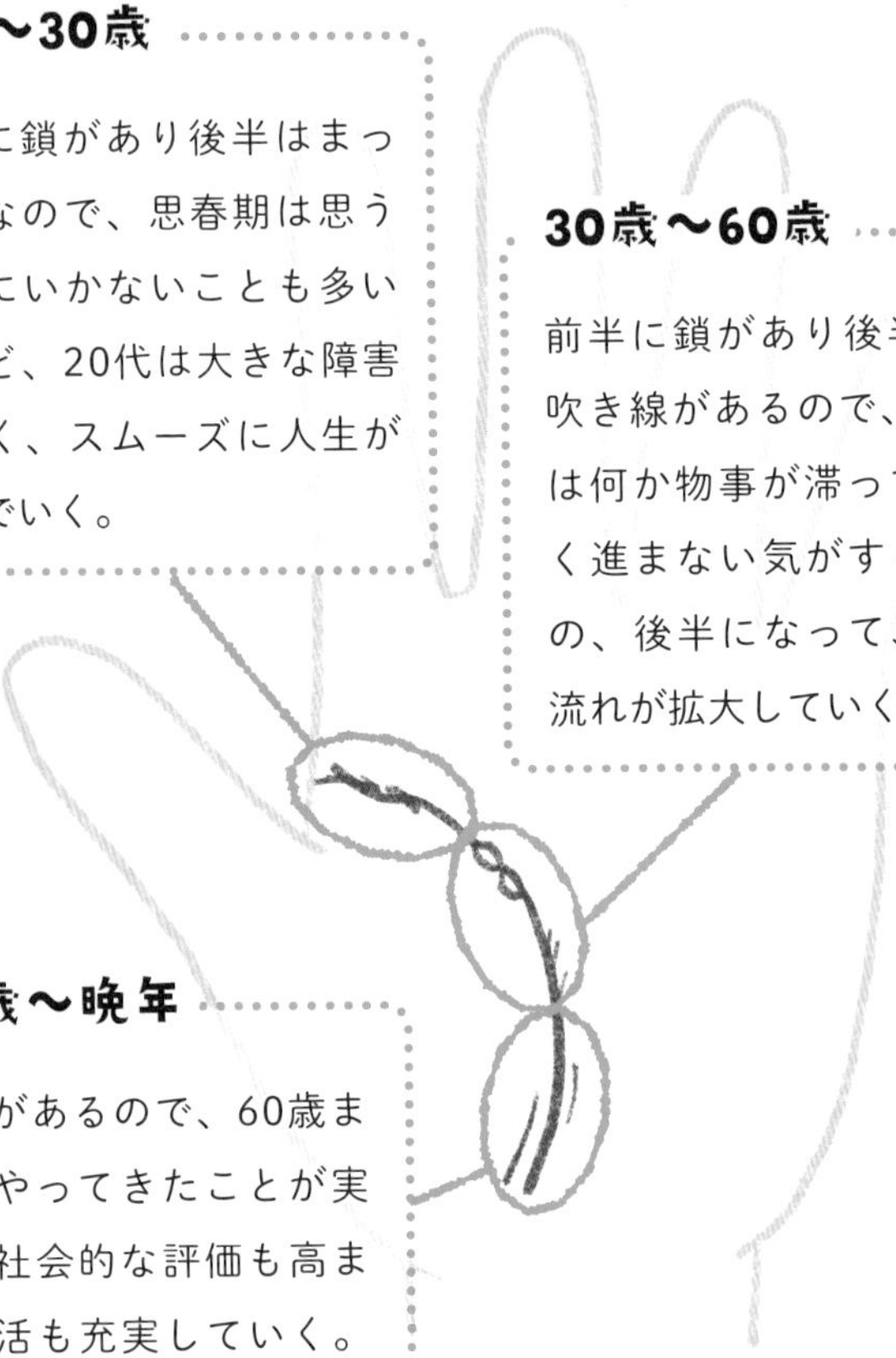

0歳〜30歳

前半に鎖があり後半はまっすぐなので、思春期は思うようにいかないことも多いけれど、20代は大きな障害もなく、スムーズに人生が進んでいく。

30歳〜60歳

前半に鎖があり後半に芽吹き線があるので、30代は何か物事が滞ってうまく進まない気がするものの、後半になって、良い流れが拡大していく。

60歳〜晩年

複線があるので、60歳までにやってきたことが実り、社会的な評価も高まり生活も充実していく。線も金星丘に向かっているので、経済的にも満たされていく。

case.2

左手と右手の人生の流れを比較して読んでみよう！
＜現在 40 歳の場合＞

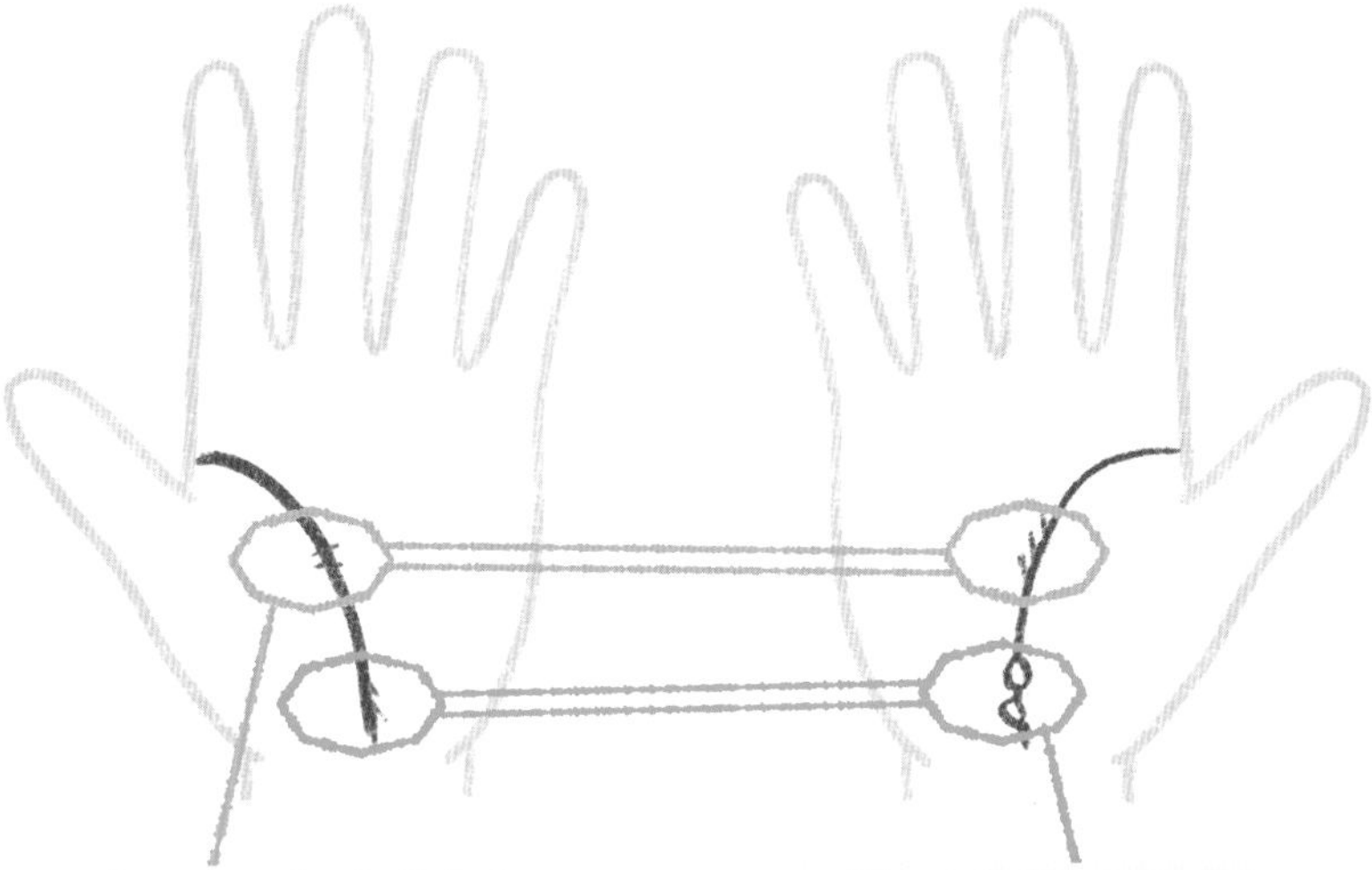

30歳～60歳（現在）

サイン 左手（本来の手）のこの時期には障害線があるが、右手（現実の手）の同じ位置には芽吹き線がある。

リーディング 今は障害が多い時期だけれど、それを自分では障害ではなく飛躍のチャンスと捉えて、前向きに行動することができている。

60歳～晩年（未来）

サイン 左手（本来の手）には芽吹き線が描かれているが、右手（現実の手）の同じ位置では鎖になっている。

リーディング 60歳頃から物事が拡大していくチャンスに恵まれるけれど、このままいくと、この時期に疲れが溜まってしまうかも。がんばりすぎに注意。

過去や未来は変わるもの

私が手相占い師になったばかりの頃、過去や未来を当てようと必死になっていた時期がありました。誰でも未来は気になりますし、占いは「当たる」のが前提なので、過去を当てると喜ばれます。当てたいがために、お客様に自覚がないのに、絶対当たってるでしょ？ と納得させようとしたことも…。

手相は確かに、過去も未来も予測することができます。でも、未来は今の自分の行動次第で変えていくことができるもの。嫌なことがありそう、良いことがありそう、と予測はできても、実際にそれが「良い」か「悪い」かの判断は、自分の考え方が決めているのです。そして自分の考え方が変わると、過去の嫌な出来事でさえ「あれがあったからこそ今の自分がある。」と、ありがたい体験に変わってしまうこともあります。つまり、過去も変わるのです。そして面白いことに、自分の認識が変わってしまうと、手相も自然と変わってしまうのです。

このことに気づいてから、私の占いは過去や未来を当てるのではなく、「今の自分を知る」という方向に変わっていきました。

過去や未来のことを考える時、人はつい後悔や不安、期待などの気持ちに揺れてしまいます。でも大切なのは、今ここで生きている私。今の自分はどういう人間で、何を考えていて、どう思っているのか？ それを知ることができれば、自分にとってどんな生き方が幸せなのか、自分の才能をどう活かしたら良いのか、どうやったら自分を大切にできるのか…そういうことが、だんだんとわかってきます。手相で見る過去や未来は、既に決まってしまっているものではなく、今の自分をより良く生きるための手がかりなのです。

気持ち次第で手相は変わっていくものなので、どう変化したか？を確かめることができるのも、手相の楽しみの一つです。

手相の日々の活かし方

手相は、心強いパートナー。

手相は、24時間３６５日、ずっと私たちとともに人生を歩んでくれています。毎日、毎時、毎瞬、私たちはいろいろな選択をしながら生きています。自分のことがわからなくなったとき、何か選択肢に迷ったとき、人生の大きな岐路に立っているとき、自分の選択に確信が持てないとき…。そういうときには、手のひらを見てみましょう。日々いろいろなことが起こる中で、とても心強いパートナーが実は手のひらの中にいるのです。手相の知識をここまで紹介してきましたが、知識は使ってこそ役に立つもの。日常の中に手相の知識を活かしていきましょう。私自身も毎日の暮らしの中で、こんなときに手相を役に立てています。

1. 自分のこと（才能など）を知りたくなったとき。
2. 選択肢に悩んだとき。
3. 今の運気を知りたくなったとき。
4. 素敵なコミュニケーションツールとして。
5. 生涯現役の仕事のお供として。

私の経験として、持って生まれた才能を活かしたり、自分の性質に沿った選択をしたときには、必ず物事がスムーズに流れていくのを体感で得てきました。迷ったときには、誰かに相談する前に、まず自分の手相を見て**自分との対話**をするようにしてみましょう。愛が詰まった優しい答えが、手のひらには描かれています。**迷ったときに一番わかりやすいのは「手の形」**です。自分がどんな人間なのかを一度振り返ってみたら、きっと選択肢も見えてくるはずです。

毎日手のひらを眺めるのも楽しいことですが、少し時間をおいて手相をチェックすると、変化を感じやすいと思います。**「気づいたら手相が変わっていた！」**ということが手相にはよくあるので、ふと自分のことが気になったときには、手相を見る習慣を身につけておくと良いでしょう。

手相は自分のことを理解するための道具であると同時に、他人と心地良い時間を過ごすためにも、とても役に立ってくれるものです。手相にはたくさんの情報が描かれているので、相手のことをより深く知ることができますし、相手に理解を示すことができれば、より良い人間関係を築くことができるはずです。結果として素敵なご縁がどんどん広がっていき、素晴らしい友情を築けることになるでしょう。

線など細かいところを見なくても、手の出し方や大きさ、手の形を見るだけでもある程度の個性はわかりますので、手の形を話題にするだけでも、とっても盛り上がります！手相をキッカケにしてお互いを知ることができると、面白いですよね。

仕事をする上でも、人間関係はとても大切な部分です。部下にはどんな仕事や働き方が向い

ているのか、相手と上手にコミュニケーションを取るためにはどんな方法を取ったら良いのか、などと考えるときにも、ぜひ手相を活用してみてください。手相は万国共通で通じる魔法のコミュニケーションツールです。

しかし、手相を学んで自分や相手のその人らしさを読み取ることができても、それを信じなかったり、過去の経験から判断して行動まで至らないことも、現実としてはよくある話です。では、手相から読み取れる情報と、実際に自分の認識している自分像に差がある場合、一体どちらが本当の自分なのでしょうか？

実は私は「水の手」なのですが、最近になってやっと、自分が人一倍「繊細」で「ロマンティック」「超内向的」な性質を持っていることを受け入れ始めました。思い返せば子供の頃は、人と会ってもまともに話せないくらいシャイで、絵本や自然、動物たちと触れ合う世界に安心していました。でも大人になるにつれて「それでは生きていけない！」と、自分を変えることをがんばりはじめました。どんな環境でも交われば染まるのが「水の手」の素晴らしい才能であり、短所でもあります。私はいつしか本来の自分を奥底に押しやって、「誰とでもどこでも仲良くできる、逞しい頼りがいのある藍ちゃん」を自分自身で作り上げ、それが自分だと思い込んでいたのです。

社会的にはもしかしたら、それを「成長」と呼ぶのかもしれません。もちろんそうやって作り上げてきた自分のことも、とても誇らしいし愛しいと思います。でも、繊細でロマンティックな本来の私を手の形から教えてもらい、見て見ぬ振りをしてきたそれらを認め、自分に合った過ごし方をするようになったことで、日常の小さな出来事も味わい、豊かさや幸せを感じることのできる瞬間が確実に増えていきました。最初は忙しくしていることに慣れすぎて、ゆっくり休日を過ごすことにも不安や恐怖を感じていたのですが、そこで戻ってしまったら前の私と変わらないまま。いっときの不安や恐怖に負けずに、本来の自分に合う生き方を選ぶことが、自分を大切にするということでもあり、自分の才能を活かすことにもつながっていくと思っています。

もしかしたら、火の手の人はエネルギーを持て余しているかもしれませんし、土の手の人は変化についていけず苦しんでいるかもしれない。風の手の人は、型にはまれなくて息苦しさを感じているかもしれません。自分らしさに自分の力だけで気づくことは難しいので、ぜひ**手相を活用して、手のひらに描かれていることを一度信じて**みてください。

手の形を見ることで、本質的な自分を知るきっかけになります。左右の手を眺めることで、あなたのこれまでがんばって歩んできた過去を見つめることができます。これから先の未来、あなたがどんな希望を持って、どんな風に生きるかを示す設計図を読み解くことができます。

そして両手の手のひらを眺めるときには、過ぎ去った過去やまだ訪れていない未来のことを考えるよりも、最も大事な「今」を冷静に受け止めて、「いかに生きるか」を考えてみましょう。両手には「あなたらしく今を生きる」素晴らしいアドバイスがたくさん詰まっています。

ぜひ皆様も、日々の暮らしの中で両手をゆっくり眺める時間を持っていただき、手のひらのメッセージを信じて、活かしてみてください。驚くほど人生が動き出すはずですよ。

column 9

手の出し方や大きさにもその人らしさが表れる！

実は、「手を見せてください」と言われたときの手の出し方や、手そのものの大きさでも、その人のタイプや心の状態がわかります。

指を広げてパッと手を出す人は、社交的な人です。自分に自信があり、誰とでも分け隔てなく話せるような、大胆で明るい人です。

指をキチンと揃えて出す人は、礼儀正しく常識的な人。真面目で、周りをよく見ています。揃った指に心配りが表れています。

指をすぼめて出す人は、自分をさらけ出すのが苦手。警戒心が強く、人に心を開くのに時間がかかるタイプです。

また、その人自身の身長や体格と比べて大きな手を持つ人は、実は慎重でよく考える人。物事の背景を深く見つめている傾向があります。小さな手を持つ人は、直感型で大胆な行動を取りがち。即断即決型で行動が早い人が多いのです。

人の手を見せてもらうときに参考にしてみてくださいね！

自分を
知るための
カルテ

記入日：　　　年　　月　　日（チェックした手：左手／右手）

基本線

➡p.65～p.74

		特徴	傾向
生命線	線の濃さ	濃い・薄い	【行動力】
	張り出し方	大きい・普通・小さい	【エネルギーの量、存在感】
	長さと線の向かう先	短い・長い 火星平原・金星丘・地丘	【その人の気質】
感情線	線の濃さ	濃い・薄い	【心の強さ】
	長さ	とても長い・長い・短い	【心の向く方向】
	線の形と向かう先	1本(第一火星丘・土星丘・木星丘)・枝分かれ	【心の許容量】
知能線	線の濃さ	濃い・薄い	【判断力】
	長さと線の向かう先	長い(第二火星丘・月丘)・短い(火星平原)	【思考のタイプ】
	出発点の位置	<生命線と>重なる・重ならない	【行動パターン】
運命線	線の濃さ	濃い・薄い・線がない	【主体性】
	出発点の位置	地丘から・月丘から・金星丘から	【人生の切り開き方】
	本数	1本・複数	【選択肢の幅】
マスカケ線のタイプ：			

Let's imagine!

まとめると…

カルテに出てきた傾向をまとめて、あなたの人物像をイメージしてみましょう！

自分を知るための
カルテ1

あなたの性質や才能を知ろう！

〜手の形・丘（指）・基本線〜

手の形

➡p.23〜p.29

手のひらの形	指の長さ	手の形
四角い手・長方形の手	短い指・長い指	土・風・火・水
【行動パターン】	【思考の長さ・アンテナ】	【あなたの性質】

丘と指

丘は、他と比べてより目立つ部分を見つけて○をつけてみましょう
指は、標準的な長さ（**p.35**）と比べて、より長い・より短い場合のみ○をつけます

➡p.38〜p.55

	丘	指	傾向
木星丘／人指し指	あ・平	長・短	
土星丘／中指	あ・平	長・短	
太陽丘／薬指	あ・平	長・短	
水星丘／小指	あ・平	長・短	
第一火星丘	あ・平		
第二火星丘	あ・平		
火星平原	あ・平		
金星丘／親指	あ・平	長・短	
月丘	あ・平		
地丘	あ・平		

記入日：　　年　月　日（チェックした手：左手 / 右手）

財運線　自分らしいお金の使い方

➡p.93

	特徴	傾向
線の濃さ	濃い・薄い	【お金の満足度】
本数	1本もしくは2本・3本以上・目立たない	【お金の捉え方】
出発点の位置	感情線・知能線・生命線・運命線	【お金の運用方法】

Let's imagine!
まとめると…

チャートの「お金」を「知識」「情報」「コミュニケーション」などと言い換えてリーディングしてみましょう！

パートナーシップ線　自分らしい人との付き合い方

➡p.95

	特徴	傾向
線の濃さ	濃い・薄い	【対人関係の主体性】
本数	1本もしくは2本・3本以上・目立たない	【対人関係の築き方】
長さ	長い・短い	【人に心を開くスピード】
線の向き	上向き・平行・下向き	【対人関係の捉え方】

Let's imagine!
まとめると…

自分を知るための

カルテ2

あなたの能力と活かし方を知ろう！

〜 太陽線・財運線・パートナーシップ線 〜

太陽線 自分らしい働き方

➡p.91	特徴	傾向
線の濃さ	濃い・薄い	【自信の有無】
本数	1本もしくは2本・3本以上・目立たない	【物事への取り組み方】
出発点の位置	感情線・知能線・生命線・運命線	【成功への道】

Let's imagine!

まとめると…

自分の線に当てはまる傾向だけでなく当てはまらない傾向もよく見ると、自分らしい働き方・自分の立ち位置がより見えてきます。

p.128 複合リーディング例「自己肯定感を高めるには？」参照

◯ 自分らしい傾向…

✕ 自分らしくない傾向…

? 実際の現状は？

! 自分らしく働くためのアドバイス

カルテ

記入日：　　年　月　日

右手

自分を知るための
カルテ3 手相メモ

自由に描き込もう！
～ 基本線・補助線・紋など ～

左手

あとがき

手相の知識を多くの人に知ってもらえる、カジュアルで親しみやすい、日常の中に溶け込む本を作りたい！　という願いを現実のものとするために、この本の出版を企画したのが2020年の春。

この本を世の中に生み出すまでの2020年〜2021年の1年間は、私にとっても世界にとっても、激動の1年間でした。今までの常識が覆える瞬間を、自分の環境や仕事を通してまざまざと味わいました。運命のタイミングなのか、世界中が不安で包まれたこの1年間の中で「占い」という仕事が世間とマッチし、ずっと願っていた「多くの人に私のやっていることを知ってもらいたい、認めてもらいたい。」という夢が、YouTubeの配信をきっかけに、私なりに叶いました。

その結果、思わぬことが起こりました。「多くの人に認められても変わらない、この虚しさはなんだろう。」という深い寂しさ。この奥深いところにある寂しさを紛らわすために、私はずっと動き続けていたのではないかと思いました。その瞬間、ふと目に入ってきたのが、自分の手相でした。運命線が薄く、太陽線も薄くなっていました。長年の夢だったはずの「多くの人に私のことを知ってもらいたい。」という想いは、私の本当の願いではなかったのだと思いました。

そこからまた少しずつ自分を知る努力を、以前とは方法を変えて取り組んでいます。すごく地味で地道で、一体これをやって何になるんだろうと思うことばかり。けれど、奥深いところで何か「安心」している自分がいます。自分だけが知っている、自分だけの時間。これこそが、本当に大切な自分を認める、感じる、命を育む時間なのだと思いました。

この本を手に取ってくださった方の中で、何か虚しい、寂しい、一体私はなんのために生きているの？と思っている方がいらっしゃれば、ぜひこの本を最初から最後までじっくりと読んでいただき、自分の手相と深い対話をしていただきたいと思っています。手相は、生まれた時からこの世を去るその日まで、ずーっとそばであなたを見続けている、世界で唯一無二のあなたの分身です。自分を知る努力、自分の感覚を信じて選び続けたその先に、本当の「幸せ」「未来」が待っているのだと、今の私は思っています。

今は歴史的な価値観の大変革のとき。そしてこれからもずっと動き続けるこの世界、価値観の変わり続けるこの世だからこそ、あなたの手相が人生の道標になってくれます。この本を読んでくれたあなたに、心からのエールを送りたいと思います。私はこれまでも、これからも、手相を毎日眺めては「いつもありがとう。これからも後押ししてね。」と語りかけたいと思います。

この本を作るにあたってお世話になった人が、風鯨社の美咲さん、私が所属しているまほらま合同会社の社長の徹平さんです。この2人は姉弟であり、今の私にとっては家族のような存在の2人。人生初めての執筆で、本気で追い込まれて「もう書けない」と泣き言を言いまくった時も、変わらず励まし続けてくれました。「君はできる！」と言い続けてくれました。言葉で伝え続けてくれたからこそ、私は人生を賭けた挑戦に取り組めたのだと思います。今度は私がこの本を通して「あなたはできる！」と伝え続けたいと思います。この本が、あなたにとっての人生のお守りになりますように。

そしていつか必ずお会いして、あなたの人生のストーリーを聞かせてくださいね。その日までお互い楽しくこの手相を見つめ続けましょう。この本に出会う全ての人が、幸せでありますように。

心からの感謝を込めて

手相占い 藍

佐々木 藍

著者

佐々木 藍

手相占い師。手相占い 藍主宰。
独学で手相を学び、2014年から占い師として活動。これまでに約8000人を鑑定。手相の知識を日常の生活で活かしていただけるよう、手相鑑定や手相講座、YouTube配信などを通して、わかりやすくカジュアルにお伝えしています。

経歴

→ 公立中学校社会科教員
→ 主婦（その後独立）
→ ネイリスト
→ ラジオ局パーソナリティ
→ 地域振興イベントプロデューサー
→ 手相占い師

手相占い 藍 HP
https://tesoai.net/
お問い合わせ
tesoai@majolama.com

書き込むだけで
自分がわかる
自分を知るための
カルテ
を作ってみよう！

巻末（p.150〜p.155）の「自分を知るためのカルテ」は、
風鯨社ホームページからもダウンロードできます

【ダウンロードURL】
https://fugeisha.com/books/teso/karte/

自分らしさを見つけるための手相の本

2021年11月30日　初版第1刷発行

著者：　佐々木 藍
発行者：　鈴木 美咲
発行所：　風鯨社
［WEB］https://fugeisha.com/　［MAIL］info@fugeisha.com
編集・デザイン：　Lunglha Design Works（ルンラ・デザイン・ワークス）
［WEB］https://lunglha.net/　［MAIL］misaki@lunglha.net
校正：　広田 いとよ
印刷・製本：　シナノ印刷株式会社

ISBN 978-4-9911568-0-9　C2076

乱丁・落丁本はお取り替えいたしますので、お手数ですが風鯨社ホームページ（https://fugeisha.com/）よりお問い合わせください。その他ご意見ご感想等あればぜひお寄せください。